刘铁芳教育随笔

U0580196

找寻心灵的家园

刘铁芳 著

北京师范大学出版集团
BEIJING NORMAL UNIVERSITY PUBLISHING GROUP
北京师范大学出版社

图书在版编目（CIP）数据

找寻心灵的家园 / 刘铁芳著. —北京：北京师范大学出版社，
2017.7（2020.11 重印）
（刘铁芳教育随笔）
ISBN 978-7-303-21778-6

Ⅰ.①找… Ⅱ.①刘… Ⅲ.①教育－文集 Ⅳ.①G4-53

中国版本图书馆 CIP 数据核字（2016）第 307751 号

营 销 中 心 电 话　010-58802135　010-58802786
北师大出版社教师教育分社微信公众号　京师教师教育

ZHAOXUN XINLING DE JIAYUAN
出版发行：北京师范大学出版社　www.bnupg.com
　　　　　北京市西城区新街口外大街 12 - 3 号
　　　　　邮政编码：100088
印　　刷：三河市兴达印务有限公司
经　　销：全国新华书店
开　　本：890 mm×1240 mm　1/32
印　　张：5.75
字　　数：150 千字
版　　次：2017 年 7 月第 1 版
印　　次：2020 年 11 月第 2 次印刷
定　　价：45.00 元

策划编辑：陈红艳　鲍红玉　　　责任编辑：戴　轶　肖　寒
美术编辑：李向昕　　　　　　　装帧设计：袁　麟
责任校对：陈　民　　　　　　　责任印制：马　洁

自　序

　　自打 2013 年年底撞上北京师范大学出版社书涛编辑，一定要给我做一套教育随笔系列后，我就像负上了一笔沉重的"债"，他每隔几天便来一个微信问我，他的事情做得怎样了。今年暑假看完奥运，正好还有一点闲暇时间，书涛的"催命符"如期而来，我干脆趁着这个机会，把他的活儿给做了。

　　我把以前算得上随笔的文字统统找出来，从中发掘出四个基本主题，分别做成四个空文档，再把合适的文字一篇篇拣进不同的"篮子"里。四个主题下面的文字基本敲定后，再一个个"篮子"进行梳理，每个"篮子"又找出五个分主题，按照起承转合的思路排列相关主题，然后把不同的篇目放到不同的分主题下，列出每个主题的不同目录。于是有了现在的四本随笔集。

　　《比技术更重要的是观念》这本随笔集的主题很明显，就是要倡导一种有理念的教育实践。现实的习惯很坚硬，需要足够强大的理念之光才能将它穿透，这对于急功近利的我们而言尤为困难。在这里，我想要传达的不仅仅是教育的理念本身的重要性，还有每个人如何从自己周遭的坚硬现实中超越，以理念之光来照亮自我人生。当我们想充当孩子们世界的点灯者的时候，首先需要点燃自己的心灯，开启对教育的理想诉求。

《知识与教养之间》主要探讨的是道德教化的问题。道德教化问题是一切时代的中心问题，今天同样如此，甚至更加重要。因为我们今天遭遇的诱惑实在太多，稍有不慎就容易偏离个体发展的德性之路。关键的问题在于，道德是可以教化的，道德教化很重要，但却是很困难的。道德之可教与不可教的矛盾几乎贯穿苏格拉底的人生。本书所倡导的道德教化的基本理念是如何切实地回到个体，从守护每个人做人的尊严开始，给予更多自由陶冶的可能性，在人与人的对话中切实引领个体灵魂层次的上升。道德教化很难，但无比重要。我们需要正视这种艰难，同时要充分地意识到这种艰难，并担当这种艰难，由此避免简单的灌输。

《教育的高度即人性的高度》的基本主题是教师在教育实践中的地位与教师的生命修炼问题。基础教育的质量，甚至一切教育的质量，中心是身在其中的人的生命质量。首当其冲的便是教师的生命质量，没有高质量的教师生命，是很难甚至不可能教出高质量的学生生命来的。今日为师，需要充分地意识到自我身上的生命责任，努力孕育生命之爱、教育之智，以阅读与思考来提升自我，以思想之光点燃日常教育生活之薪，寻求一种积极的生活状态，努力让自己成为优良教育的见证者。当人人都在抱怨中国的教育现状时，我们需要的是切实的努力，一点点照亮我们身边的孩子，绝不放弃。

《找寻心灵的家园》是面向自我、面向心灵的写作。我们所有的努力都需要回归内心，给生命寻找精神之家。在日渐浮躁的时代与社会里，我们究竟应该何以自处？本书开宗明义，要"紧盯着内心的信念之光"，意在让自我生命多一份从容与豁达，避免日常生活的无序与庸常。一个人如何回归自我内心？需要一种历史情怀与文化意识，在历史渐行渐远的背影中读出生命的苍凉，不断地注视大地上的事情，同时关注个人的似水流年，一点点去感悟生命的真谛。最终，我们需要拥抱生命之谜。这里的关键，一是保护生命之谜，所谓"水至清则无鱼"，一定要在生命中留有余地；二是明知生活的无奈与无常，我们依然要热爱生活、拥抱生活。我欣赏的人生姿态是深情地活在一个寡情的世界里。我的人生姿态，非关他人，关乎内心。于我而言，这是一个成熟个体的应有姿态，虽高山仰止，但心向往之，并努力为之。

我是较早开始写教育随笔的，当时反响也很不错。我文章的基本特点是小中见大。我是一个比较内敛的人，文如其人，所以文章总是从浅近的事情说起，一点点绵延深入，凭借自己细腻的心思与探索教育基本问题的兴趣，让文章逐步接近教育的中心问题。

我感觉自己不是在用文字，而是在用心、用生命写作这些文章。我让自己的内在生命世界尽可能充分地向着所思问题开启；让自我生命的触角尽可能地深入其中，探究其中的教育意蕴；让自己充分地被感动。我把自我生命置身其中的这份真诚的感动写出来，写出生命的喜悦与忧伤。如今写教育随笔早已不是独角戏，俨然有众声喧哗之势。我知道，我撰写随笔的使命早已完成，需要回归到自己内心，安静地寻求自己对中国教育问题的系统而深入的思考，暂且专注于做一点小小的属于自己的学术研究，无暇他顾。

或许对于我而言，要完成书涛的任务并不难，但为什么会成为心头难以偿还的"债"？主要原因在于现在的我对教育随笔早已意兴阑珊，并无意推出一个系列。但书涛兄反复游说，一来朋友之情难以却之，二来他"诱惑"我可以好好推广我的些许教育思考。我一方面想做点纯粹的事情，另一方面又是个难以完全抵制诱惑的俗人；一方面不想花太多精力于自己并不感兴趣的事情上，另一方面又不愿伤害朋友。活在矛盾之中，才是我心头压力的根源。

随笔的优点很明显：有感即发，人人都可以写，长短不限，不拘一格，富有灵气。随笔的问题同样明显：一是因为随意而容易流于个人主观意志；二是因为随性而容易浅尝辄止，这往往使随笔写作的水平参差不齐。我也不例外，我的文字中确实有不少自觉写得不错的，但也同样有诸多随意随性之作。更重要的是，因为随笔随意可写，容易让人在同一水平上不断重复，或者在同一水平上不断复制，很难达到自我的超越。我不愿意让自己为细琐的灵感所左右，我需要专注，需要持续而有深度的坚持。这或许是我的转变的真正理由。我也偶尔提醒朋友，努力避免陷于自我美化的陷阱，让写出来的只是些看起来很美的文字。

我们似乎已进入一个出版的时代，我们更乐于表达，也更急于表达。这当然是一件好事，能让更多的人发出声音。但随之而来的问题也很明显，如容易让人迷失在泛滥的书籍之中，缺少判断力和足够的阅读趣味，使得表浅性的阅读、无需思考的阅读过于流行。我们确实需要在阅读中寻找光亮，在冷静而专注的阅读中寻求自我生命得以援助的力量。

写下这些文字，期待与朋友们共勉。

目　录

第二辑　历史情怀与文化意识

第三辑　注视大地上的事情

第四辑　心系似水流年

目录

第一辑　紧盯着内心的信念之光

找寻我们非读大学不可的理由

——刘铁芳教授在湖南师范大学 2014 级本科生、研究生开学典礼上的讲话

各位同学：

非常荣幸，能作为教师代表欢迎你们，欢迎 2014 级 520 多位本科生、硕士生、博士生们加入湖南师范大学教育科学学院战队！

24 年前，我从乡下来到了这里，满怀憧憬，从此和湖南师范大学一生结缘。我是一个小村里走出来的少年，大学无疑给了我人生最重要的平台与起点。大学给了我今日站在大学讲台上的信心和勇气，让我在学问人生路上一步步走来，直到今天。我在这里成长，在这里工作，对这片土地有着难以言说的情感。这么多年，在大学校园里行走，依然不敢轻易谈论大学，大学始终是我心中具有神圣意味的高地。我发自内心地敬畏它，爱它，仰视它。

今天，当我们兴高采烈来到湖南师范大学，敢问各位，除了按部就班完成一份大学学业，获得一纸文凭，今后找个合适的工作之外，我们是否还有更高的非读大学不可的理由？那么，让我们一起去寻找一份走进大学的坚实理由。

每每从学院走过，常常会见到一位瘦削的中年男人推着一辆破旧的自行车，车上是身罹残疾的沈博健同学，心理学专业2011级本科生。因为肌无力，沈博健同学不能站立，不能行走。写字都很困难的他，用顽强的毅力战胜了自己，以594分的成绩走进了湖南师范大学心理系。他曾经这样说道，"大学是知识的殿堂。那是我继续深造，耕耘自己的圣地。那是我从小向往的蓝天。我想通过四年的磨砺，把自己改造成残而不废之材，以此回报社会，报效祖国"。他告诉我们走进大学的理由：大学并不足以改变身体存在的现实，但大学可以孕育健康的灵魂，锻造生命的尊严。我看他的脸，除了生活的艰辛还有希望与梦想，在残疾之躯体中孕育的正是被大学理想所激励的健全的灵魂。如果仅仅是谋生、工作，不读大学也并无大碍，我们来到大学的不可替代的理由，就是为了灵魂的健全，为了生命更高的尊严，为了塑造丰盈的人格。

大学不是资格养成所，大学不是我们为世俗世界的利益博弈场，不是给我们脸上贴金的工具性场域，尽管在世俗世界中资格很重要，利益的考量也必不可少，尽管今日大学早已不是象牙塔，但我们依然要牢记，大学的宗旨是以对知识与真理的无上追求，"仰观宇宙之大，俯察品类之盛"，来养成独立自由的人格，涵育广博充实的生命。大学最早的学科是医学、神学、文学和法学，大学呵护人的身心，提升人的精神，锻造人的灵魂，让我们身心更加健康，精神趋于卓越，灵魂走向高贵。也许，我们每个人都是渺小的，也许大学终将无法改变我们的命运，但大学的经历将孕育我们自尊自信、不卑不亢的勇敢之心。人不可有傲气，但不可无傲骨。大学的目的正是养成我们的傲骨，也即陈寅恪所言"自由之思想，独立之精神"。为了自我人格的卓越，这正是我们来到大学的根本理由。

我们凭什么来改变自身？凭借大学问。"大学者，高深学问者也。"大学不是大官，大学所服膺的唯有知识与真理。正如早已消逝在历史烟云之中的燕京大学之校训，"因真理，得自由，以服务"，作为中国大学史上最好的校训，简洁而高远地说出了大学的目标。大学就是要无条件地追求真理，服膺真理，而非世俗的权势与利益，以通达个体精神的独立与自由，同时养成我们开阔的心智与服务社会的能力。我们来到这里的唯一的目的，至少是最重要的目的，就是以对知识与真理的无上追求来通达健全的人格，锻造我们精神之骨气。

通往高深学问之路在何方？在大师，读大学就是识读大师。走进学院，幸运的时候，我们可以遇见一位意气风发的长者，这位年近八旬却依然可以站着讲课 3 小时无丝毫懈怠的"年轻"老人，就是我们的老校长张楚廷先生，迄今为止著有近百部著作，论文逾 1000 篇，全国各高校学术演讲 300 多场，过着简朴的生活，却依然敏于思考、勤于写作，每天著述都在 1000 字以上。先生常自喻为关不上的水龙头，他的思想就像关不住的水龙头源源不断地流淌。想当初，先生原本可以选择出任政府高官，但他却选择成为校园的思想者。他的身上体现了大师的风范，那就是独立思考，追求真理，永不懈怠。站在讲台上，他就是大学！大学之大就是为大师所开启的知识空间与人格理想。

正如清华老校长梅贻琦所言："所谓大学者，非谓有大楼之谓也，有大师之谓也。"大学就是大师，亲近大师就是亲近大学。亲近大师的路径，一是直接的路径，那就是亲近师友，所谓"如切如磋、如琢如磨"，真正的大学就在与周遭的老师、学友切磋、交流之中；二是间接的路径，那就是亲近书籍，特别是那些堪称人类文明的经典之作，经典阅读可谓启迪智慧、滋养人心的最重要的方式。这里特别值得一提的是，我们常说踩在巨人的肩膀上，但巨人的肩膀不是那么容易让人踩上去，唯有黾勉勤奋，孜孜以求。"板凳要坐十年冷，文章不写一句空"，我们要踏踏实实读书思考、悉心研讨、对话交流。当然，亲近大师本身并不是目的，所谓"亲其师，则信其道"，"亲师"的目的是"重道"，大师就是我们寻求真理的阶梯。诚如亚里士多德所言，"吾爱吾师，吾更爱真理"，亦如哈佛校训所言，"与柏拉图为友，与亚里士多德为友，更要与真理为友"。我们要亲近大师，更要亲近真理。尽信书不如无书，尽信师不如无师。

在大学里，课堂当然是十分重要的，课堂上聆听与对话、探讨与辩论，这是知识生活的基本形式。但大学不只是课堂，更是"视野、志同道合的友谊和图书馆的书籍"。大学也要考试，大学也有分数，但真正的大学并非一张考卷，低层级的记诵不足以谓之大学。大学是一种生活方式，一种活法，大学乃是积极主动、创造性地文化生活。你们来这里，就是要学会过为文化所引领的积极的大学生活。大学作为生活方式，主要表现为三重生活，一是个人生活，主题词是青春，彰显青春的关键词是健康、友谊、爱情；二是学习生活，主题词是学问，追求学问的关键是知识、智慧与创造；三是社会生活，主题词是责任，扩展责任的关键词是视野、情怀与担当。

我们需要抬起头来，向着更高的世界，向着更多的师友，开启我们被应试教育所封闭的心灵之门，始终保持活跃的精神状态，并让这种精神生活转变成我们青春生活的姿态，让我们青春的脸庞洋溢着生动而富于创造性的气息。大学将这样悄悄地改变我们灵魂的模样。真正的大学是生命精神的整体修炼，并且让我们活出作为大学之人热情友爱、从容淡定、执着坚毅的精神面相。我们因为努力在这里激扬青春、追求学术、关怀社会，让此生唯一、无法重来的大学生活充分地、无怨无悔地度过。青春终将逝去，但大学刻在我们生命中的美好印记，将永不消逝。

大学对于一个人成长的重要性无论怎样夸大都不会过分。人生的道路虽然漫长，但关键的就只有几步。大学就是其中关键的一步，在这里，你将遭遇你的事业、爱情，在这里，你将思考人生的意义，重新理解劳动，学会创造，懂得造福人类，并最终为自己的人生做出选择。如果说选择什么样的大学是你十年寒窗的总结，它代表着你的过去；那么选择如何读大学，这意味着你之后人生的开始，它代表着你的未来。大学确会改变命运，但真正改变命运的是我们自己，是我们如何真正走进大学的殿堂之中，以对知识与真理的无上追求，来涵养我们的生命，历练我们的人格。

　　心中常记着亚里士多德的名言：真正高宏之人，必能造福人类。人生在世，不如意事十之八九。我们终将活在这个并不如意、甚至永不如意的世界中，但有一种人，目光如炬，紧盯着世界的幽深之所在，坚持理想，默默努力，怀着伟大的心平凡而坚韧地活着。如果说考级、考证、考研、考博、就业将成为我们今后大学生活的重要词汇，那么，无论何时我们都要记住，大学最重要的词汇乃是眼光，是襟怀，是人格与气度。我们一定要心怀大学最重要的事物，不让自己迷失在这个时代的喧嚣与浮躁之中。

　　大学有两种：一是世俗意义上的现实大学，二是精神意义上的理想大学。也许，湖南师范大学并不是我们心中理想的大学，也许，理想的大学在现实中是很难找到的，甚至根本就不存在，但重要的是它能否存在于我们的灵魂之中。理想的大学是以精神的方式在我们灵魂的高处引领着我们。我们要记住，现实的大学是给定的，有局限的，但在我们想象世界中的作为精神的大学是超越现实的，没有边界的，我们就是要在并不完满的大学里读出理想大学的踪迹。我们的身份是有界限的，但读书、思考是没有边界的。今天，我们就是要从这里出发，从脚下坚实的土地出发，眺望精神意义上的大学，追寻真理之光，让人类文明的薪火与人类悠远的智慧充盈我们年轻的心，我们也因此而走向超越世俗边界的精神之大学。

　　让我们永怀对大学的敬畏，一道步入这一段无比珍贵的人生旅程。真正的大学就在那里，在我们精神的高处。你来或不来，他都在那里看你；你见或不见，他都在那里等你；你爱或不爱，他都在那里守望你。请走进大学的胸怀，也让大学走进你心灵的深处。

　　各位同学，从今天开始，我们彼此的命运将休戚相关，互相缠绕。你们每一位都是我们的孩子，我们将全心全意成为你们成长的见证者与陪伴者，而你们也将成为我们的骄傲，成为我们人生意义的源泉。借用北大法学院苏力教授曾经说过的一段话："我们会在这里长久守候。即使夜深了，也会给你留着灯，留着门——只是，你得是有出息的孩子。而且，我们相信，你是有出息的孩子！你们会是有出息的孩子！"是的，我们将会在这里长久守候，等待你们成为有出息的孩子。

　　深情作别康桥的徐志摩曾经写下这样的诗句："康桥，汝永为我精神依恋之乡。……康桥！你岂非是我生命的泉源？你惠我珍品，数不胜数。"愿岳麓山这片神秘而古老的土地，因为包容着我们的青春、梦想与奋斗以及我们不甘堕落的灵魂，而成为我们生命永远的家园。

　　再一次，深深地，祝福大家！我爱你们！

依稀寻觅，寻觅那迷雾中的小路

　　我这两天突然开始思考活着的意义。我朦胧地感觉有种内心的使命在抓住我，但我说不清楚。在周遭的享乐生活之中，我突然发现人生是需要救赎的，我发现自我生命意义的虚空。人不能局限于自我之中，"人是应该被超越的"，这是尼采说的话。

　　没有来自心灵高处的精神引导，人就会轻易地被日常生活的平庸、被个人欲望所淹没，矮化为物欲的奴隶。

　　我突然面临人生中一个极其重要的精神危机：生命自我救赎

之路在何方？

人是应该被超越的。

读到阿伦特，感触很深。这位 20 世纪伟大的女性，给萎靡的个体人格提供了一条重要的启迪。在阿伦特看来，个人的问题不再是个人的，而是同其他人、同包含所有人在内的公共领域中发生的事情联系在一起，甚至"孤独"也不应被理解为仅仅是个人的选择因而有理由对此大加赞美。在她看来，每个人实际上是在同其他人分享这个世界，只有在人和人"之间"，在人类共同生活的舞台上，个人才能得到自身存在的充分展示和具有真理性。正是从个人揪心的经历出发，阿伦特告别海德格尔，站到了"世界"而非"个人"一边，站到公共舞台升起来的光线之中，而不是"退隐"在个人的秘密之内。作为一名女性，她参与了那个时代真理的创造。阿伦特的思想与人生给我，给大家，给我们的时代，提供了一条人生救赎之路，那就是行动！走向他人与社会，走进他人之中，实实在在地走向与他人的共存。

我期待行动，以个人微薄之力，走向他人与社会。个人的力量太渺小，但我知道个人渺小的努力足以照亮我的人生。

对于我而言，我需要做的事情，能够做的事情，是理性的教育言说。我常常思考：我究竟为了什么而写作？不为名、利，为的是其中之义，我并非金庸笔下的大侠高人，但我希望忠于自己的内心而写作。7 月 19 日在岳阳第一线教育论坛研修班讲课中，有几位老师问到个人教育思考的实践品质问题，对于我而言，我的使命就是言说，我并不关心个人的思考如何转化成社会的实践。言说本身就是一种实践，就是一种行动。我把自己定位于一种边缘人的启蒙姿态。

此外，我的言说路径还有一条，就是期待作为公共知识分子对个人周遭的社会进行理性的思考。我感兴趣的领域，一个是大学，大学在当代社会中的重要性毋庸置疑；一个是社会，大学的品质实际上就是这个社会品质的表征，大学在文明的进步与社会整体教养的提升中起着极其重要的作用；另一个是社会文化，我常常沉思我所遭遇的各种文化现象，从中寻找当代中国人的生存脉象，由此来探询当代教育精神的内在而细微的肌理。

与特蕾莎修女的相遇是我人生一个重要的精神事件，她以卑微之心去分担人世的苦弱，我知道自己不可能做到像特蕾沙修女那样走向社会底层，但我关切社会底层，因为我生命之根就在底层。我期待用自己的方式去接近苦弱之人的生活。我没有能力改变他们，但我期待走进他们的世界之中，走进那些弱势的"人"之中。

我想起久违的奥斯特洛夫斯基的《钢铁是怎样炼成的》中主人公保尔·柯察金说的那段名言：

> 人最宝贵的东西是生命。生命对于我们只有一次。一个人的生命应当这样度过：当他回首往事的时候，也不因虚度年华而悔恨，也不因碌碌无为而羞愧——这样，在临死的时候，他能够说："我整个的生命和全部精力，都已献给世界上最壮丽的事业——为人类的解放而斗争。"

这其中有些地方是个人难以企及的，但如果把人类的解放缩小为身边的每个人的解放，那么，这种选择依然可以成为我们今天人生的姿态，即关切个人周遭的一个一个的人，就像特蕾莎修女那样，在那里，找到自我生命意义的源泉。

当初薇拉·妃格念尔，一位 19 世纪俄罗斯的贵族女子，为了革命，甘心抛却了人世间的荣华富贵，暗杀沙皇亚历山大二世，换来 32 年暗无天日的监禁生涯。薇拉在军事法庭上的慷慨陈词：

我常常想，我的生活是否可能走别的道路？它是否可能有别的结局，而不至坐到被告席上？每次我的回答都是：不可能！

薇拉的选择并非只关乎革命道路之伟大与高尚，而更是个体灵魂的救赎。非如此不可，这是对人生选择的坚定应答。在我看来，一个人的伟大或者平凡，这都不是重要的，一个人的人生是一个社会的事件，但对于个人而言，首先是一个心灵事件。我从来就不奢望外在的辉煌，那种辉煌与成功对于个人并无意义，我渴望生命的意义，渴望敞开人生那微暗的生命救赎之路。个人的选择非关外在的社会性评价。

人生的道路通向何方？我将依稀寻觅，寻觅那迷雾中的小路。

电影《草房子》的教育哲学意蕴

一、《草房子》故事梗概

1962 年的一天早晨，一个文弱沉默的女孩儿在白发苍苍的外婆的带领下，怯生生地走进了油麻地小学那一片黄灿灿的草房子也第一次走进了桑桑的视野——她们是来找桑桑的爸爸校长桑乔的，想把女孩儿转到油麻地小学来读书。桑乔答应下来，从此，桑桑班上有了个名叫纸月的新同学。纸月的到来，一开始就伴随着她的身世之谜，人们只知道她母亲，她的父亲却一直在窃窃议论中若隐若现。纸月纤弱文雅、善解人意，很快便得到了老师和同学们的喜爱，而桑桑更是时常做出一些莫名其妙又引人注目的举动。这天，他突然心血来潮，穿着厚厚的大棉袄，在骄阳似火的操场上招摇，引起了众人的围观。正在得意之时，校园里出现了一道新的风景线，天生秃顶的同学秃鹤破天荒地戴着一顶白色的太阳帽走来，大家的注意力一下子全被吸引了过去，满头大汗的桑桑反而被冷落在一边。

接着，学校又开始为全公社文艺会演排练节目，纸月顺利地当上了女主角，而满怀信心的桑桑只充当了 B 角，A 角偏偏又是桑桑一向不服气的班长杜小康。课间，杜小康们拉着纸月在练习节目，秃鹤等人在一边凑热闹，眼热的桑桑存心捣乱，一把摘掉了秃鹤的帽子，挂在高高的大风车上，引起了一阵轩然大波，爸爸桑乔勃然大怒，吓得桑桑没敢回家，在芦苇中的小船上躲了一夜。结果，桑桑被取消了参加全区小学校会操的资格。

被排除在会操行列外的还有秃鹤，原因是桑乔担心他那颗亮闪闪的秃头会影响会操队伍的齐整形象，同病相怜的两个人只能在后山上远远地看着洋溢着欢声笑语的校园。秃鹤长期以来被压抑的反抗性终于爆发，他毫不留情地占据了挂着大红幅的主席台。眼看上级领导就要到了，情急中，班主任蒋老师只好答应他参加会操，条件是必须戴上一顶帽子。很快，会操开始了，油麻地小学整齐的动作博得了主席台上领导的频频点头，可校长桑乔终于没能笑到最后，队列中的秃鹤突然摘下帽子远远地扔去，一任他的秃头在阳光下滑稽地闪闪发亮。领操的女孩儿终于忍不住笑了起来，一时间，整个操场乱了起来，油麻地小学丢掉了连续两年的第一名。

秃鹤成功地还击了对他尊严的种种侵犯，可他付出的代价是同学们对他的进一步孤立。至于桑乔，他把为油麻地挽回荣誉的希望，全都寄托在文艺会演上了，可他的得意门生们在彩排中就被一片起哄声轰下台来，他们犯了一个小小的疏忽，演坏蛋杨大秃瓢的王小小竟有一头浓密的黑发！而王父又绝不同意儿子像囚犯一样剃个光头。无奈中，桑乔只好打起儿子桑桑的主意，可桑桑又坚决不演坏蛋。正在这时，柳暗花明，蒋老师发现了一张纸条，秃鹤主动要求担任这个角色。

会演如期进行，秃鹤不孚众望，一出场就博得了满堂喝彩！而油麻地的另一个节目，由蒋老师和村姑白雀演出的《红菱船》却被迫撤下，原因是白雀的父亲阻碍她跟暗中相恋的蒋老师见面。于是，桑桑充当起一个新的角色，为蒋老师和白雀姐传递书信。终于有一次，桑桑不慎丢失了白雀姐的回信，而这信偏偏又十分重要，因为白雀父亲正催逼她嫁给别人。热恋中的双方都在苦苦等待着对方的回音，可桑桑没敢说出事情的真相，于是两人之间的猜疑和失望越来越浓，终于白雀被迫坐上了大红花轿，把绵绵遗憾沉甸甸地留在了桑桑童稚的心头。

一桩偶然事件让爸爸桑乔走进了故事的中心，阿恕当众一语，石破天惊！桑乔是纸月的爸爸！一直若隐若现的纸月身世之谜似乎水落石出了，只有桑乔自己心中依旧坦然，依旧一如既往地关照着孤女纸月；不久，纸月相依为命的外婆过世了。从此，纸月一如她悄然出现一样，又悄然从油麻地消失了。

　　杜小康家境富裕，又是班长，一直是桑桑明争暗斗的对象，最让孩子们垂涎的是，他还拥有油麻地唯一的一辆旧自行车。这一天，连桑桑都没能抵抗住，跟杜小康在麦场上骑起了自行车。累了，饿了，两人烤红薯吃，结果引起一场大火。翌日，当桑乔在全校大会上查找肇事者时，杜小康挺身而出勇敢地承担了全部责任，又一次无心地把桑桑置于悔恨交加的尴尬境地。不久，杜家出了事，家道中落，杜父大病一场，杜小康含泪辍学，跟着病弱的父亲离开油麻地去放鸭子、摆小摊，在生活的艰辛与贫困中成熟起来，但他心里却时时刻刻都怀念着油麻地小学的同学们。

　　亲眼看见衣衫褴褛的杜小康在校门外摆小摊，桑桑心里很是难过，便偷偷把桑乔珍藏的奖品笔记本拿出来，为杜小康抄写课本。视荣誉胜过生命的桑乔不明就里，狠狠地揍了他一顿。一时间桑桑昏厥过去，其实桑桑真的病了，一场恶疾已悄然临身，使他也在同学们留恋不舍的目光中离开了课堂。桑桑的病唤起了桑乔的舐犊之情，从此，这位好老师、好校长开始学着去做一个好爸爸，无论风里雨里，他背着儿子走遍城市乡村，求医问药，他发誓要让儿子的人生之路走得长长的……

　　上天不负有心人，终于，卖茶老人的一贴良药让桑桑生命之火又重新燃烧起来。在中药店抓药时，桑桑意外地看见纸月被一个满脸慈爱的高个儿男人领上了远航船，桑桑认定，那男人一定是纸月真正的爸爸！他追叫着纸月，却又停下了脚步，眼看着那艘老轮船载着纸月和她的幸福走远了，这匆匆一瞥便是纸月给油麻地男孩桑桑留下的最后记忆。影片在桑桑充满伤感的点名声中结束，一个个曾经熟悉的名字，撞击着草房子的上空……

二、生命的文与质

孔子曾这样说到人性之质与文的关系："质胜文则野，文胜质则史。文质彬彬，然后君子。"文质彬彬当然是一种理想的状态，现实中要么是文胜质，要么是质胜文。在我们几千年的封建历史中，纲常礼教对社会生活无所不在的渗透，实际上在社会的主导教化体系中早已是文胜过了质。太多的文饰，导致生命因缺少激情与创造而变得平庸，更倾向于内敛。中国文化中阳刚的成分太少，过多地强调整体，过多地强调礼教，教育伦理化，直接导致文对质的过度教化。过度教化的结果是，生命因为失去了自然、丰盈的阳光本色，而缺少一种创造的激情与活力。现实生活中生活得比较阳光的人，恰恰是没有被过度教化的人，或者说是文与质相和谐的人。生命的成长需要试错的空间，教化之于生命成长当然是重要的，但不能过度。问题在于，"度"怎么来衡量？只能以儿童自身的生命状态、儿童生命的自由与惬意来衡量。如果一种教育不是在成全儿童生命的自由自主，反而是遮蔽了生命本身的自由与惬意，这种教育就是过度的。

生命需要沉醉，就好像醒需要梦的呵护，清醒的人生需要不时的沉醉来呵护，这就是尼采所说的"酒神精神"。日神精神代表一种理性，代表着秩序、清晰，按照社会既定的常理出牌。但个人在特定的空间忘记秩序，或者叫超越秩序，这就是尼采所讲的善恶的彼岸。人的生存有时候是需要超越善恶的，这就是游戏与沉醉，一种生命自在的生成与显现。正如席勒所言，只有人能游戏，人只有在游戏的时候才成为人。这对于成长中的少年而言，不简单地以外在秩序，以成人世界的生存秩序来规划、设计儿童世界，取代儿童生命世界中的自然秩序，而应该是在激发、诱导儿童自然地绽放中去促进儿童世界向成人世界的认同，从而促成儿童生命世界的丰盈与饱满，促进儿童生命的内在生长，这无疑是现代教育渐渐被遮蔽的重要话题。

生命的"质"，这个"质"就是质地、原初、原始，需要我们更多地正视它们，"质"的显现在个体生命成长中是很重要的。生命之质需要被提升，不能被简单地抑制。过度的教化，往往会截断个体人生发展与生命自然善好的丰富而生动的联系，实际上大大缩减了个体生命发展的空间。当生命被过度地文饰，个体生命成长就触摸不到自然善好的踪迹，一个人的成长就可能是无根的，失去了生命内在自然善好的引导，个人固然可以获得世俗意义中的成功，但终究少了点自然生命烂漫天真的本色，生命的颜色难免是暗淡的，缺少了郁郁葱葱的痕迹。

以曹文轩小说《草房子》改编的同名电影，就是这样一部探寻生命自然善好与个体生命成长之间彼此交错的叙事。

三、儿童生命世界的展开与个体尊严的生长

《草房子》的叙事线索是多重的，贯穿首尾的是桑桑和他的父亲，其中一条重要的线索就是桑桑的生命成长的历程。在桑桑的眼里，大人的世界太复杂。以桑桑为中心展开的叙事，就是儿童世界中的桑桑怎么一步步走进大人的世界。大人的世界也就是社

会化的世界，桑桑向大人世界的靠拢，也就是儿童自然生命世界向社会化的生命形态的靠近。桑桑向大人世界靠近的过程也就是他精神成人的过程，就是他生命成长的过程，这是电影的基本主题。

1962 年，一个叫油麻地小学的地方，在大大小小的一圈草房子边上，一位叫桑桑的小孩子怎样在远离社会中心的、遥远而美丽的草房子的世界中成长起来？以这个主题作为基本线索，我们可以看到，率先展开的是优美的自然，还有儿童伙伴之间自由的玩耍，这是一个涉世未深的小孩子所看到的生命世界的美好。大量的民谣、各种各样的游戏、儿童的狂欢，还有恶作剧，看露天电影等，都是充满着自然野趣、同时又不乏某种人性的良善的表达，正是这些因素滋润了桑桑们生命的根底。

在儿童生命自然、无遮拦地释放之时，儿童世界的尊严也渐渐地绽放出来。正如马克思所说的"人是社会关系的总和"，只要有人群的地方，就会有个体尊严的显现。桑桑和他的伙伴们在好奇地看着这个世界的同时，也在想方设法祈求着被这个世界"看"，"看"与"被看"实际上就是他们生命尊严生长的起点。这其中最有意义的片段就是桑桑在大热天里撑着棍子、穿着棉袄、大摇大摆地行走在众人的注视之中以及随后瘦高的光头陆鹤戴着白色的帽子在众人的拥戴中走进教室。这其中不乏恶作剧的尊严的凸显与彼此之间有意无意的比拼，实际上都跟外在的规训无关，而更多的是儿童世界之人性自然的显现，无关教化的善恶。

影片中的陆鹤，可以视为儿童世界与成人世界靠近的一个典型。陆鹤之为典型的意义首先表现在他的秃头，一种自然的野趣，这代表儿童世界中的一个极端，一种游离于成人世界规训体系之外的基于其生命自然的个性。他又要进入学校，融入周遭社会主流之中。进入学校本身就意味着向成人世界靠近，接受来自成人世界的规训，但他天性顽强，总是与学校教育体制保持微妙的拉扯，以强规训为特征的学校教育不自觉地把他排斥在外，这导致他的尊严被贬抑。正是因为天性与成人规训的差异招致以教化自居的成人世界的贬视或打击，致使他无法正常地进入学校教育的规训之中，典型的场景就是学校广播体操比赛对他的排斥以及他的反抗。反抗的结果不仅进一步加剧了他和学校教育之间的裂缝，更重要的是他和周围同伴的关系都由于成人世界的介入而被瓦解，使他处于孤立无援之中，他不得不以让步的方式向成人世界靠近。陆鹤向成人世界靠近的一个机缘是学校的演出，因为演出紧缺的角色正适合他的原本不光彩的秃头，也适合他张扬、夸张的天性。在这里，成人世界对儿童世界的接纳与提升，并不是简单地排斥他们的天性，而是发掘、引导他们的天性，把他们引导进到合适的境遇之中，显现他们，并且成全他们。这里传达出来的是儿童世界与成人世界讲和。一种共赢的方式，使陆鹤进入了成人世界之中，演出成为儿童世界整体被规训的一个尝试，使得陆鹤这样一个学校教育中的边缘人变成一个拥有正当位置的人，进而赢得他在成长过程中的尊严。

　　每个人都追求自己的尊严，有的是基于自然的人性来追求自己的尊严，有的基于是社会的认同，实际上这也是个人社会化的过程，这也就是卢梭所说的由纯粹的自然进入社会的自然。陆鹤作为典型代表，提示我们教育过程中该怎么看待自然野性的问题。个人天性中的乖戾不合于当下的教育路径，常常遭遇教育的排斥，想和普通伙伴一样拥有同样的尊严，却又处处遭遇歧视。就是这样一个小孩，当他对尊严的期盼得不到回应的时候，就会用越轨的形式，甚至是公然挑战整个成人世界的方式，来争取自己的尊严。在那样的场景之中，甚至可以说在那样的时代之中，他是敢于表达自我、追求尊严的一个人。这里出现了一个微妙的对比，在我们之中，大多数人，特别是成人化的个人，都习惯于顺从命运，顺从世俗的力量，缺少抗争的勇气。比如，白雀和蒋老师羞答答地追求自己的爱情，他们和陆鹤形成了鲜明的对比。在这里，恰恰是基于自然人性的力量，而不是教化的力量，把个体在世的生命原初性的尊严充分地显现出来。

不难看出，在这样一种跟自然贴近的生命历程之中，儿童成长一个最基本的依据就是自然的善好。这里实际上触及了教育学要追问的一个关键主题：个体的教育究竟从什么地方开始呢？一个人究竟怎么样教化成人？如果说最初的教化就是把他生命中的自然底色都排除，让个体纯然进入体制化的教育形式之中，那么这样长出来的生命形态就只能是白面书生，一种被过多的文饰、从而失去了自然底色的生命样式。我们的教化形式是文对质的遮蔽，我国几千年来以皇权为支持、以儒家伦常为主要内容的对于个体生命而言过于强大的教化体系，在很大程度上遮蔽了国人生命的自然底色，遮蔽个体教化之自然善好的基础，我们是以成人化、社会化的整体设定来取代儿童生命世界，儿童生命的自然善好在我们的教化体系中实际上一直处于遮蔽状态。《草房子》可以说是充分地正视、并展现了儿童生命的自然善好。

四、儿童世界的新生与生命自然善好的留驻

纸月在桑桑的生命世界里具有某种特别的象征意义。纸月来到桑桑的生命世界里，一开始就带有某种神秘感，在不断地唤起桑桑心中某种美好的想象的同时，又始终与桑桑保持着若远若近的距离。从开始的恶作剧一般洒水到纸月和桑桑妹妹的被子上，到夏日穿着棉袄的夸张表演，到纸月遭遇欺侮时毫不犹豫的挺身而出，桑桑都是在传达一种努力想赢得纸月的好感、走近纸月的生命世界之中的冲动。但纸月只是他年幼生命世界中一个飘忽的影子，最终黯然离去。原作者曹文轩显然是借纸月有意无意传达这样一个意念：首先她是"月"。对于乡村成长起来的桑桑而言，月亮无疑是自然善好的典型代表，纸月带给桑桑的就是一种自然善好的敞开，是桑桑生命中的美好期待。如果说白雀与蒋老师带给他的是成人世界美好爱恋的晨曦微露，那么纸月则是贴近他自己的生命世界中神秘爱意的朦胧开启。其次这个"月"是"纸"的，"纸"的"月"当然是不真实的，是易碎的。纸月带给桑桑的无疑是儿童世界美好爱意的开启与迅速凋零。这意味着对桑桑而言，纸月的离去是必然的，怎样把美好的回忆留在心中才是成长的应有之义，换言之，儿童生命世界中人性之自然善好总是会随着自我的成长而逐渐消解、变色，对于成长中的个体而言，最重要的是怎样把这种美好留在成长的记忆中，成为人生发展永远的基础，留住童年世界所开启的基于人性自然善好的爱与美好，是成长永恒的主题。

我们每个人都期盼生命与美好为邻，亲近美好，"虽不能至，

心向往之"。美好的事物大家都是很乐意去靠近，但是基于自然善好的人性在现实中又往往是无力的和易碎的，正是这两者的差异，成了他生病的根源。桑桑的病乃是一种成长之病，或者说成长的阵痛。每一个人的成长必然要置身于复杂社会关系之中，复杂社会关系的纠葛与沉重，使自然人性的美好变得不能承受，米兰·昆德拉所说的生命不能承受之轻，这里就是生命中不能承受之重。因为人首先遭遇的是重的危机，而不是轻的危机。轻的危机是反抗，是放弃，而重的危机则意味着过度的承负。当自然善好人性的阻遏成为必然，人性的得病就不可避免，关键在于病的轻重与否。敏感的人更容易得病，人是泥土做的，不是钢做的，这就是生命的脆弱性。自然之质虽然有一种初始性的美好，但初始性的纯洁与美好毕竟要融入不纯洁也并不美好的现实之中，这意味着得病的不可避免。

所谓"对症下药"，桑桑的病其实并不是生理性的，而是生命性的。正因如此，桑桑的病的治疗非同一般，所以一味求医问药无济于事。桑桑得病之后，校长回到父亲的角色，在这一刻，他生命的意义就是要救治自己的孩子。救治自己的孩子在某种意义上，就是在成人化的世界中留住自然人性的美好，就是在当下之中留住未来。作为校长的桑乔，其父亲身份的回归，代表着成人世界向儿童世界的真诚接纳，蕴含着成人世界本身被过度教化的人性向着自然善好的人性的复归。由于民间的非预期的力量，得病的小孩子在偶遇的情景之中获救，影片以一泡健康的尿结尾，象征着桑桑自然善好的恢复。父亲永不放弃的决心与民间并不可靠的奇迹，使小孩的病得到救治，治疗人性之疾病最好的良药就是优良的人性本身。人性的病还需人性来治，生命整体性的病需要生命自身向着自然善好的回归。

在这里，治病的过程充满一种隐喻。救治的过程，他要找医生，寻找医院，求医的过程是一个不断碰壁的过程。医院作为现代化、体制化的组成部分，医院问诊的失败意味着疗治人性的力量并不来自于现代化与体制化的力量，现代化与体制化并不足以救治人性的病弱，恰恰现代化与体制化本身就可能是人性之病源。拯救孩子，拯救自然善好的人性的希望在民间，是偶然性的，是偶遇。既然是偶遇，那就意味着是非预期的，是不可靠的。救治方式的非预期性，非常规性，传达了对现代化与体制化的犹疑，不信任。现代化与体制化不可信，而民间救治又存在着偶然性，这意味着人性之病在当代社会中救治之无力。

如果说一个人成长的过程是去发现美好，获得美好，那么在现实中，这种基于人性自然的美好恰恰无时无刻不受到来自现实的冲击。影片一方面试图充分地展现这种自然人性的美好，同时又更深沉地显现这种自然人性的在现实中的虚幻与无力，从而最终只能无可奈何地接受这份流逝，有一种"无可奈何花落去"的怅惘。由于影片中传达的这种美好的破碎以及后面救治过程中非预期的不可靠，使整个电影具有一种根植于现代性中的、深切的、关乎生命的悲剧意识。

五、生命自然善好的无力与成长的代价

这里面有一个很重要的问题，就是桑桑他们所看到的生命的美好的来源是什么？这种"美好"源于哪里？一个基本的来源是草

房子所代表的自然世界，正是自然世界中的美好，游离在体制和中心之外、游走在社会边缘的自然，才成为小孩子生命美好的一个基本的参照，或者说生命美好的基本感受。这里涉及一个极其重要的问题，那就是美好的生活，或者美好的教化究竟从何开始？这实际上是教育哲学一个非常重要的问题。假设教育的目的就是把人们引向美好，所以我们可以看到这个影片最初所显现的美好来源于哪里，第一个是纯粹的自然，包括周围的自然环境；第二个是人性的自然。在这两者之间的综合体，也就是说纯粹的自然和人性的自然的结合就是草房子。草房子既是自然的，又是人为的，边缘姿态的草房子之所以成为桑桑们精神的家园，根本的原因正是基于其作为原初自然和人文自然的结合而呈现出来的对儿童生命世界的贴身且贴心的呵护。

作为具有唯美主义倾向的电影，影片中尽量传达一种基本人性自然的善好，与此同时，也传达出这种人性的自然善好在现实中受诸多因素的压迫，这种挤压既有成长的必然，也有现实本身的压迫和社会偏见。杜小康家道的败落造成他的失学流浪，学校中学生的分等，放养鸭子的杜小康被排斥在高唱"共产主义接班人"的队伍之外，都是社会对个人成长的压迫。美好的破碎，还来自于白雀父亲因偏见而产生的对白雀与蒋老师恋爱的反对，这些都属于现实的压迫。白雀和蒋老师爱情的破灭还有命运的偶然性，而且还跟桑桑自己相关。桑桑原本是一个忠实的信使，并且因为对白雀和蒋老师的亲近而产生的对他们之间爱意的美好期盼，但这个忠实的信使因为一次很偶然的失误导致信的丢失，使他们的误会加深。这属于误会，一种生命存在中的偶然事件，误会引发生命的断裂，但生命的断裂并不是误会造成的，而是内在的断裂。换言之，即使没有这个误会，断裂依然会以别的方式出现，断裂的根源在于自然的美好与现实的不美好之间的冲突。不管怎样，白雀以及她和蒋老师之间略带朦胧和羞涩的爱恋，是成长之中的桑桑生命里美好爱恋的象征。而他们之间恋爱的失败，则不仅仅是成人世界美好的破碎，更重要的是桑桑的基于自然善好之上的生命世界本身的破碎。

桑桑的父亲桑乔，同时又是校长。一方面他的身上有很多自然的美好因素，包括他对纸月的爱，当然这中间没有交代清楚是不是他的私生女，是否是私生女无关紧要，重要的是他面对纸月而表现出来的一种父亲、长者的天性，这种身份是去社会化痕迹的身份，他关怀纸月，并不是出于校长的名义。影片中，我们不断地看到校长摇响手中的铃，这是一种社会身份的表达，一种权力的实践。桑乔就是这样在两者之间游走。他对桑桑的态度也是一样，既有作为校长的威严，也有作为父亲的慈爱。他发现桑桑损坏了他珍爱有加的荣誉本用来抄写课本，他把桑桑的行为视为对自己尊严的极度贬损，而这种尊严的基础正是基于外在的社会认同，这些荣誉都是作为自身体制化中的个人合法身份的象征。他发疯地追打桑桑，因为作为儿子的桑桑触犯了他作为校长的生命中最敏感的神经。那一刻，作为浸润在自然善好之中的桑桑的无力与作为成人世界代表的桑乔的强硬形成了鲜明的对比。当然，当他知道真实情况之后，那么又表现出来的是一个父亲的宽容和爱，桑乔卸下成人世界身份的重负，恢复到蕴含着自然善好本色的父亲身份。作为体制的代表，面对儿子的冒犯而施与一顿暴打，并不能改变儿子对父亲的爱。这里反过来说明，作为校长的桑乔其实是紧紧地围裹着作为父亲的桑乔，自然善好无时无刻不面临着现实的冲击，首先就是作为父亲的桑乔。

桑桑走近落魄的杜小康，为他抄课本，稚幼的桑桑是基于儿童天性的友爱，基于个人自然人性的美好，来尽力挽救他困境中的同伴杜小康。为什么别人没有办法实现，而要小孩来承担？因为小孩的承担完全是善好人性的自然流露，而不是一种体制化的力量。而恰恰失学的事实本身，与体制有着千丝万缕的联系，那么在这里就出现一个裂痕，就是基于个人之人性自然善好的力量在现实中于事无补，不足以改变既成的事实。桑桑试图张扬个人的自然人性的力量，来改变现实，但个人的力量终究渺小。甚至包括桑桑充当信使，也是基于自然人性的善好，但人性的力量并不足以促成善与美的现实化。这是我们前面讲到的人性的自然善好与现实中不好的冲突，这就是桑桑所进入的真实的世界，在这里，自然人性与历史和命运纠结在一起，演绎出生命成长中的纷繁际遇。在这些错综复杂的生命联系之中，桑桑秉持的自然善好心性，也一点点在现实周遭之中表现出美好而无力。

如果说影片的前半部分，是桑桑为代表的儿童世界的开启，与以自然善好为基础的生命世界的呈现，随后，影片就逐渐把自然善好在现实中遭遇一点点展示出来。伴随现实的诸多冲击，人性的美好开始在桑桑的视界中一点一点地失落。白雀和蒋老师爱情的昙花一现，杜小康的失学与流浪，纸月的忽远忽近与最终离去。还有在玩火过程中失火，在偷看蒋老师信件过程中导致信件的丢失，实际上也是对自然人性的一种提醒，人性自然之质并不都是善好的，而且，自然善好的人性也并不总是可靠的。一个成熟的个人走进社会，是不能单纯依靠自然人性的，这意味着教化的必要性。

正是桑桑基于自然善好的人性与周遭生命世界的复杂纠葛以及在现实中的诸种遭遇，才导致了桑桑的生病。在这里，桑桑的病既是形而上的，也是形而下的，是一种生命根底的病，是一种阻遏之中的美好人性的病。初始人性的自然美好原本具有某种完整性，但是这种完整性会在现实周遭的人与物的不完满性中失落，个人周遭世界的不完满意味着个人生命世界本身的不完满。正如马克思所说，人是一切社会关系的总和。一个人的心就是一个人的世界，一个人周遭的世界就是一个人的心。桑桑的得病不仅仅是因为自己，更是因为他所遭遇的世界，所以病的根源就是在成长的过程中生命对美好的这种期盼，与进入现实所遭遇的自然善好人性的破碎感和无力感之间的差异。

六、自由的重建：从自然的自由到教化的自由

《草房子》由一种个人命运的叙述，变成一曲逝去的时代的挽歌。① 历史的进步会带给我们很多的便利和舒适，带给我们开阔的、坚硬的空间和居所，但是历史的进步也逐渐淹没了我们心中的草房子。代表着乡村淳朴生活时代的草房子就只能作为一种反观当下生活的镜像，而留存在置身现代化之中的你我的想象世界

---

① 这里所谓时代的挽歌，其实并不是指影片中出现的具体年代，而是面临现代化、城市化的冲击中，传统的自然、淳朴的乡村式的生活样式，是在当下的生活中被渐渐地褪去的古典生活镜像。

之中。既然现代化和体制化都不足以呵护我们生命的完整性发展，我们又不可避免地要承负现代性的命运，那么我们所要思考的问题就是，如何在当下的境遇中重建生命的自由与完整？我们固然是凭靠后天的教化生活在社会之中，但教化如果缺少了自然的自由作为内在的补充，就会缺少真实的生命内涵而流于外在的适应与模仿。对于我们而言，思考当下教育的一个基本问题就是：今天，我们教育的起点在哪里？当我们被越来越眩目的现代化所围绕，我们还能找到教育的起点吗？更确切地说，我们还能找到教育所由起始的、所赖以发生的自然善好人性的起点吗？

以应试为中心的体制化的教育，越来越多地遮蔽了儿童生命自然善好的踪迹，世俗化的力量过早地设定了儿童在教育中的方向，小孩子从幼儿园里开始就被期待着要去考大学、考名牌大学、出国、挣钱、当明星……世俗化力量的冲击实际上大大地缩小了儿童在教育中受陶冶的空间、缩小了儿童成长的空间、缩小了儿童生命成长的可能性，同时也遮蔽了儿童发展的内在生命起点。这就给我们教育提供了一个思考的主题：怎样重新拾回基于人性自然的善好，从而给个体人生找到一个可以永恒回返的起点？人成长的过程当然是不断向前发展，但同时又是一个不断回溯的过程，这两方面都是非常重要的。向后走是一种意向，不是时间性的，而是一个空间性，是把基于人性的自然善好带入个体当下的心灵空间、精神结构之中。每时每刻，我们都可以从自我人性最初的踪迹中找到自我生命发展的可能的方向，而不至于被当下的某种特殊的目标、设计所遮蔽。对自我生命之自然善好的回溯，乃是个体成长恒久的参照，正是对生命本源的回溯，是个体生命的自然善好对当下生命状态的介入，调整着生命健全的方向。这不仅仅是个体的，同时也是人类的，人类的健全发展，同样有赖于对古典时代基于自然善好的健全人性的不断回溯。

曹文轩在小说的后记中曾这样写道：

> "今天的孩子，其基本欲望、基本情感和基本的行为方式，甚至是基本的生存处境，都一如从前；这一切'基本'是造物主对人的最底部的结构的预设，因而是永恒的；我们看到的一切变化，实际上，都只不过是具体情状和具体方式的改变而已。
>
> 由此推论下来，孩子——这些未长大成人的人，首先一点依旧：他们是能够被感动的。其次：能感动他们的东西无非也还是那些东西——生离死别、游驻聚散、悲悯情怀、厄运中的相扶、困境中的相助、孤独中的理解、冷漠中的脉脉温馨和殷殷情爱……总而言之，自有文学以来，无论是抒情的浪漫主义还是写实的现实主义，它们所用来做'感动'文章的那些东西，依然有效——我们大概也很难再有新的感动招数。"

作者在这里表达的正是对于初始人性自然善好之质的信赖与依恋。儿童生命中的成长与感动，正是来自对儿童生命世界的自然善好的激活，留住童年的美好，实质就是留住生命本身的自然善好之质，留住生命的初始本色。

生命发展基于自然的自由、并从自然的自由逐步走向教化的自由，自然的自由给人生发展以鲜活的质料，教化的自由则赋予自然的自由以美善的形式，一种类化的生命存在样式，而自然的自由之中则内含着生命原初的美好。守护生命自然善好的踪迹，不仅给个体生命发展提供内在生动的生命基础，而且给教育提供可以恒久回溯的家园，一切教育都从这里开始。

七、草房子：现代化中渐行渐远的田园牧歌

电影（小说）的名字是"草房子"，影片中也大量出现草房子的镜头。房子是我们安居之所，房子同时也是人心安居的地方，但是这个"房子"却是"草"的。草房子有两层隐喻，第一层是草所代表的自然、感性、柔软，第二层"房子"则代表着温暖、美好。合而言之，"草房子"代表着自然的美，贴近儿童生命世界的温暖。不仅如此，草代表着自然的天性，而房子是人造的，作为整体的草房子作为空间，意味着自然与人造的优雅结合，代表着自然向着人事的延伸和人事向着自然的贴近。理想的生命空间正是自然与人造的结合，草房子就是这样一种妥帖地呵护人性的、自然而温暖的生命空间，草房子本身就代表着自然的人性与社会性的有机结合，从而给儿童生命世界的发展提供一种自然、和谐、温暖的空间。

影片中有一个细节，是两个小孩在草堆里打滚，草堆软软的，有着土地的香气，传递着一种贴近生命的温暖，睡在草上是很舒服的。这是草房子的第一层意蕴，作为一种温暖而自然的生命体贴。另一层意思是，草房子是易破损的，经不住风吹雨打。在现代化、体制化的进程之中，草房子不可避免是边缘的、无力的。草房子提供的意象就是感性的、柔美的、易破损的。草房子也象征着自然人性的力量，放大一点说，就是一种古典的、乡村

的、贴近自然的心灵生活的力量。当现代化与体制化裹挟着权力的、物质的、利益的力量弥漫而来的时候，草房子终将灰飞烟灭，成为我们心中日渐远去的遥远的记忆。

无疑，草房子就是一种理想的教育空间的表达，一种贴近自然的、妥帖地呵护人性的、温暖的教育空间的期待。遗憾的是，童年的草房子终将随着年龄的长大、岁月的变迁一点点逝去，取而代之是现代化、体制化的教育空间，是人为对自然的僭越，逐渐替代，草房子随着时光的流逝而"无可奈何花落去"。这种远离，既有以现代化来提升社会整体教育水平的合理性，又有着诸多难以言传的隐忧，那就是我们对自然、乡村社会的人文意蕴的否定与遗忘。我们是否还需要留住已经远逝的草房子？历史的进步是否必须以湮没我们曾经拥有的草房子为代价？如何留住并积极纳入当代教育结构之中？当我们的社会在追逐着高楼大厦、追求着一种逼迫性的现代化之时，那些纯朴的、贴近自然的、贴近自然人性的生命空间到哪里去了？

整个影片传达着自然与教化、乡村与城市、民间和体制之间一种微妙的紧张关系，草房子就是这种紧张关系之中的乌托邦，既是人性的乌托邦，也是一个教育的乌托邦。教育要回到这样一种最基本的生命状态，以这个做起点来引导人性的优良。所以整个社会中的文明与浮华，包括教育中的文明与浮华实际上很有可能会遮蔽这些东西，所以我们看不到这些东西。我们看到的是媒体展现的世界，是世俗化的，外在的，遮蔽了教育回望自然的视角。

沈从文说过一句很有意思的话："战士不是战死他乡，就是回到故乡。"这句话实际上从我们对生命的意义来讲，就是生命永远要回到自己的家，这个家就是草房子，就是对人性自然善好的妥帖呵护。这种自然的善好并不是孟子说的道德意义上人性善，而是原初的，一种纯自然状态的理想的人性，它只可以被想象，但它确实存在，但不能被具化为某种东西。我们不可能永恒寓居在人性自然善好之中，回家是一种意向，家只是暂时性的，人总是要上路。真正的教育是要引导人担当人生的艰难，成熟的个体能够从容地担当自我。尽管出发的命运不可抗拒，但我们依然可以通过提高自己的心性，留住善好的人性，从容地面对成长的阵痛，面对我们置身现代化之中的个人命运。在此意义上，草房子是我们置身现代化的路途之中可以恒久回望的精神家园。

2007 年 9 月 21 日讲演，12 月 27 日整理成文

紧盯着内心的信念之光

——在教育科学学院 2009 级研究生新生入学典礼上的讲话

各位 2009 级研究生新朋友们：

大家好。首先，请允许我代表学院全体研究生导师对大家的到来表示热烈的欢迎和衷心的祝贺。

大家的到来，无疑给校园增添了一份新鲜与热闹。我们常用"麓山含笑、湘水低吟"来表达对新生们的欢迎，其实湘江还是那样静静地流淌，麓山还是那样无声地凝望。这个世界也许并不因为我们的到来而改变些什么，真正能改变的只有我们的内心。

今年，就我所知，有两位学生拿到了录取通知书，却因为多种原因，他们选择了放弃：一位是因为家境问题，一位是因为考上了公务员。但我知道还有一位女生，她考上了北京的社区工作人员，但她依然选择了读书，从北京来到了遥远的长沙。她的理由不过是"我还想读几年书"。她是来自中央民族大学的郭春雪，作为导师，我要向她表示由衷的敬意。

是的，我们今天确实很难找到一个充分的一定要读研究生的理由。或者说，我们能找出十条读研的理由，同样也可以找出十条甚至更多不读的理由。但既然我们大家今天来到了这里，就一定是因为我们内心中还有某些火焰在闪烁，我们还想在喧哗的时代里找到一份心灵的安宁，想在忙碌与浮躁中找到一份理智的沉稳，我们就是要留住、守住内心之中这点依然闪烁的灯火。

师范大学这个地方是个求学的好地方。这首先得益于这自然佳境以及在这片风景之中无数先人贤士留下的人文踪迹；其次是师范大学 70 余年的历史以及办学先贤留下的思想资源；最后是当下这里汇聚了不少我内心敬重的先生以及青年才俊，大家自由交流，彼此分享，本身就是赏心乐事。

但有两点是我们要特别注意的：一是这里人文气象不会自然地呈现出来，需要睁开我们的慧眼和慧心，我们需要无条件地保持内心世界的开放性，唯有如此我们才可能把自我浸润在麓山和湘水之间的人文沃土之中；二是这里四通八达，诸种现代市场气息难免频繁冲击，加上时下大学本身精神气象的风雨飘摇，意味着我们还需有一种坚守意识，有一种定力，在任何时刻都能咬定自己的选择不放松。

紧盯着内心的信念之光，读书不需要太多的理由。让我们一道，浸润在这片人文热土之中，酣畅地呼吸，开心地生活，自由地成长。

腹有诗书气自华

——在教科院 2007 届研究生毕业典礼上的发言

07 届各位即将毕业离校的硕士、博士研究生朋友：

大家好。年年岁岁花相似，岁岁年年人不同。今天，当我再次受学院委托，作为教师代表发个言，我内心不由得充满了一种难言的伤感。可惜江郎才尽，讲不出什么新鲜话，只好如实地表达自己的一点胸臆。

还是老三句，一是祝贺，祝贺大家圆满完成学业，迈出人生一大步；二是感谢，感谢大家对学院工作、对老师工作的支持；三是期待，期待再讲三点：

一是期望大家务必明白，做人在任何时候都是比做事、做学问更重要的事情。没有德性做支撑的学问人生是苍白的。踏实做事，认真做人。人行得正，才能走得远。研究生阶段的学习大家虽然毕业了，但做人是一场没有止境的学习经历。虽然应试教育我们人人诅咒，但我还是希望大家在人生的诸多大考中能考个好的分数。

二是期望大家继续保持读书的习惯。在这样一个浮躁的社会，保持读书的习惯，其实就是守住内心一份必要的安宁，就是保持一种积极的生命状态。"腹有诗书气自华"，读书是我们在今天的世界中保持书生本色的最重要、最基本的一道屏障。

三是任何时候都不要忘了呵护自己的身体。身体是革命的本钱，健康是人生的根基。读书是养心，我们还需要健康的生活方式来修养身体。

当大家满怀欣喜地跨出教科院大门的时候，大家迈出去的是跟平常没有什么两样的一小步，但今天的这一小步却是人生的一大步。忠心地祝愿大家，祝福大家！

找寻生命的家

这段时间，脑袋里一直被一种古典主义的情怀所萦绕。反复地思考刘再复的《红楼梦悟》中的话，又回到自己前面写的关于电影《霍元甲》的一段感怀，忽然发现自己逐渐明白了很多问题，关于生命存在的本质，关于男性女性，关于生命的拯救，关于教育的根本主题。

人之为人的存在，乃是一种精神性的存在，人必须超越纯然物的存在，而进入精神之家。人作为物质的存在，置身宇宙洪荒之中，实际上是一种虚空。作为物的存在的人在宇宙间太渺小，与时间与空间的恒久性相比，生命的偶在性必然导致存在的虚空。正因如此，人必须寻找精神之家。

生命的家园在哪里？生命的本质是什么？一个人置身尘世之中，太多现实的纠缠把人抛入各式烦恼之中，让人远离生命的本原，所以人总是要不断地回望，去看生命的原型，求得对自我生命之使命的认识，所谓"苦海无边，回头是岸"，说的就是要回到生命的本质，这就是《红楼梦》的教化哲学，一句话，"质本洁来还洁去"，一切都是虚无，唯有对生命本质的依恋，才足以让人置身宇宙洪荒，而寻找到生命的一丝亮光。

置身茫茫人世之中，我们能找到的生命的本原究竟是什么呢？这不是一个简单的哲学概念，不是一个物理意义上的事实性存在，我所能领悟到的生命之本原性质素就是爱、美与生命的自然之质。只有这几样东西才能全然让人从世俗、功利的羁绊中解放出来，回到自我生命的本真存在。生命只有回到这一起点，才可能展现出善。

我们再来看《红楼梦》中的贾宝玉与林黛玉。贾宝玉同时面临着两个世界，一是以贾政为中心的男性世界，或者叫泥浊世界，这个世界不断地拉扯着贾宝玉，让他的生命向外，纳入世俗功名生活的轨迹之中；还有另一个世界，就是以林黛玉为中心的女性世界，或者叫清净世界。宝玉说，男人是泥做的，女人是水做的，这中间其实蕴含的是一种价值期待。贾宝玉生命的历程就是不断地由泥浊世界回返到清净世界的过程，这个回返的中心就是林黛玉，黛玉就是宝玉生命的本原，就是宝玉生命的大地，宝玉生命的历程就是等待、寻找、依恋林黛玉的过程，黛玉就是宝玉生命的家。

正是在曹雪芹优美、透彻而深邃的叙事之中，浸透了一种浓郁的形而上意味，其中隐含的就是古典教化哲学的真谛。在这里，女性被抬到前所未有的高度，这种高度并不全是事实的，而是价值的，是形而上的倾注。他是通过这种象征揭示生命存在的意义，同样也揭示男性女性在世间生存的奥秘。我们每个人的生命历程其实都是一个找家的过程。所谓"从何处来，到何处去"，人类生命的出现本来就是宇宙洪荒的一件大事，正是因为人类，无情的宇宙才变得有情而美丽。生命的过程就是要守护这种美丽。以爱、美与生命的自然之质来贴近人生最本原的存在，我们的生命由此而获得置身虚空之中的踏实与美好。

面对茫茫人世，我们的家在哪里？我们的家首先就在心中，在我们心灵世界对爱、美与自然的发现，同时也在我们敞开自我向他者的呈现，在这里，我们互相成为彼此的家。

在这个意义上，男女之间的依恋究其实质，就是找家，就是给置身茫茫宇宙之中渺小的个体找家，找寻心灵之家，生命之家。

格瓦拉与个体价值精神的建构

在一篇短文《20 世纪的悲伤浪漫英雄》中与格瓦拉相遇，我的心受到一种强烈的震撼：1967 年 10 月 9 日，在近代革命史上，是个悲伤的日子，因为就在这一天，近代最伟大的传奇革命英雄格瓦拉壮烈而亡，死时年仅 39 岁。

格瓦拉最后的那几天，过得非常凄惨。当时他所带领的游击队，在玻利维亚和美国联手实施高科技式坚壁清野的围剿战术下，已越打越少。到了 10 月初，只剩下 16 人而已，最后被围困在一处叫作"无花果村"的北面山脊。10 月 8 日，玻利维亚军队展开攻击，格瓦拉在还击时，他的卡宾枪被击中，右臂也被击中，由于失去了反击能力，只得投降被俘，时值当天下午 4 时左右。同时被俘的还有两名他的战友。

格瓦拉被俘后，玻利维亚军方以及一名美国中央情报局人员罗德里古兹立即展开侦讯，但他拒绝做任何答复。而同时，他被俘的消息也立即被呈报到了玻利维亚首都拉巴斯，总统达伦多斯立即邀集了陆军将领和美国中情局人员召开紧急会议，结论是不能让格瓦拉活着受审，否则他一定会在法庭上借机鼓吹革命。于是，立即把他处死的命令传送到了前线。10 月 9 日下午 4 时许，即他被俘后 24 小时，一个士官进来，对他的手脚进行射击，当时是希望把他弄成伤重不治的模样。但很快他们觉得这太麻烦，干脆直接杀死。于是几个士兵进来，对他一阵射击，格瓦拉当场死亡。后来被证实，他当时一共挨了 9 枪，有两枪是打中致命的要害。而就在格瓦拉被射杀的同时，另外两名被俘的战友也被立即处决。

那些人在射杀他之后，搭乘直升机返回首都拉巴斯，而格瓦拉的遗体则以帆布包裹，用另一架直升机送往陆军总部所在地的瓦诺果安德市，他的遗体首先被送进当地一家医院验明正身，美国中情局人员全程参与监控。当时全球主要媒体的记者都已闻风而至。于是在检验完毕后，给了很短的时间让摄影记者拍照。玻利维亚军方和美国中央情报局一定没有想到，让格瓦拉的遗体被拍照，替20世纪创造出了一个具有耶稣形象的受难英雄。

因为，格瓦拉的那张死后的照片，实在太奇迹了。他躺在担架上，上身裸露，躯体瘦削无比，仿佛正对世界的不义做最后的指控。而他长着胡须的脸孔，有着受难的神圣气质，脸上泛着一缕悲伤的笑容，整个神情与耶稣受难很相似。这张照片被全球媒体刊登出来之后，它不但未达到宣告格瓦拉已死的目的，反而让他的道德形象因为他的死亡而被更加抬高。他成了现代的"被钉十字架的神人偶像"。格瓦拉的那张头戴革命扁帽的头像照片以及那张死在床上的照片，不但在20世纪成了60年代欧美青年反抗运动时的图腾，甚至到了今天，他的头像都还被印在青年人的T恤上。格瓦拉个人的革命事业虽然并未完成，但只要人们的希望不死，总是会有人在他的感召下前仆后继。

20世纪有太多的英雄豪杰，但像他那么纯粹、洁净、头上罩着道德光环的悲伤英雄，可谓绝无仅有。格瓦拉不朽，是因为他对世界的不义充满了悲伤，并把自己的生命献给了这个悲伤的命运。1928年6月14日他出生在阿根廷罗萨里奥市一个资本家兼庄园主家庭，身为阿根廷人，为了正义，他投身于古巴的革命事业。作为古巴的开拓者，为了真理，他放弃了已有的一切，深入玻利维亚丛林，在极其艰苦的环境中继续反帝的游击战争。这个长得十分英俊，出身上流世家，自己也是医生的革命家，他的人生选择如果是另一条路，一定是携手娇妻爱子，荣华富贵到老，但他却毅然抛弃这一切，自己提枪走向穷山恶水。这是伟大的人道主义浪漫，要用一个人的力量去和那个足以征服全世界的美国为敌。他的革命理想没有成功，但作为 20 世纪一位悲情的浪漫英雄，他的人格是我们日益俗化的日常生活世界之中的一面镜子。

格瓦拉曾写信给子女："你们应当永远对于世界上任何地方、任何非正义的事情，都能产生最强烈的反感。这是一个革命者的最宝贵的品质。"在我们的语境之中，革命从来都是一个民族的、国家的、阶级的事件，个人投身革命是时代、历史、民族、国家的召唤，革命何以在别处会成为一种属于个人性的价值信念，何以一个与之几乎毫不相干的国度会成为个人革命理想的深深依恋？格瓦拉告诉我们，革命还可以以这样一种属于个人的方式进入个体内心，一个人对还可以基于自己对正义、真理的渴望与对爱的执着、眷念而献身革命，宏大的社会价值目标原来也可以转化成个人内心的信念。

格瓦拉的革命人生不乏堂·吉诃德式的理想传奇色彩，他的革命理想也确有偏颇，但在 20 世纪还有人为自己心中的真理、正义、理想而不惜一切代价，这本身就着实让人惊奇。他告诉我们，人来到世界上不是追求个人的享乐，人生还有另外一种样式。这世间还有那么一些人，他们来到这个世界只是为了受苦，为了献身于自己内心的信念，他们为自己的内心而活着。克尔凯郭尔为了自己的信仰，放弃他心爱的表妹，而把自己献身于基督；安徒生为了那美丽得心碎的童话世界而毅然放弃自己过眼云烟的爱恋；特丽莎修女放弃自己的安逸生活，献身于对社会最贫弱者的救助。那些人，他们成为我们生活与人格的另一面镜子，他们是上帝赐给这个世界的礼物，是上天赐给我们心灵世界的一份弥足珍贵的厚礼。

一个人选择如何生活，选择何种生活方式，选择献身还是自保，选择神圣还是鄙俗，选择高尚还是平庸，其中当然内含着社会的需要，这种选择本身是一个社会性的事件，但它同时甚至首先是一种个人性的事件。生活首先是属于个人的，只有在个人内心之中敞开个人生活的可能路径，个人的生活方式的选择才会是真正贴近个人生命的底层的，不管在别人看来这种生活方式是如何艰辛，这种生命的路径依然美丽而丰盈，足以映照个体生命的虚空。置身其中，个体生命得以救赎，轻飘飘的人生变得沉重而踏实。

在我们今天的中国，陷入了世俗化生活的泥坑，消费主义、享乐主义成为当下大众生活最基本的社会意识形态，传统社会高尚的生活价值理想迅速瓦解，随着生活的富足而带来的是个人性的虚空，人们失去了精神的归依，导致生活的迷茫与个体人格的萎缩。人究竟如何自处，人如何承受糖衣炮弹的攻击，人如何避免精神的虚空化，这实际上已成为当代中国社会生活一个重要的问题。

为什么我们今天的社会中，贪污腐化、滥用职权、玩忽职守、缺乏敬业精神的现象比比皆是？因为我们的社会与文化之中，从来强调的是如何唤起个人对社会的责任和义务，从来就没有重视如何把这种外在的社会要求转化成一种个人内心的信念。我们的社会参与实际上缺乏一种真正的个人性，个人也缺乏一种对内心的遵从，一种个人生命深处使命的召唤。归根结底，还是由于我们的社会与文化并没有真正地"发育"出深刻的个体，或者说具有充分、发达的自我意识的个体。群体性的强调实际上阻碍了个人内心与社会需要之间个人化的真实而深入接触，外在的要求无法转变成个人的内在信念，我们的历史过程中所推崇的信念实际上大多是一种公共性的、民族、阶级的信念，并不是基于个人自主意识之上而发生的内在信念的确立。

在今天，一切神圣价值都可能遭至鄙弃，金钱、欲望、享乐成为大众生活的基本意识形态，正因如此，如何重新敞开个人神圣价值的路径，敞开个体人格张扬的可能性空间，实际上是当代社会一个隐在的却十分重要的问题。一个前提性的问题在于，我们怎样在敞开社会生活价值质素的同时，使得传统的社会动员、整体训导的方式转化成一种文化、心理层面的自主实践。

面对汹涌而来的拜金主义和享乐主义生活潮流，站在我们面前的格瓦拉告诉我们，人还可以遵从内心的价值信念而生活。

倾听诗的召唤
——与伟言君关于读诗、写诗的对话

伟言：为什么里尔克、叶芝、阿赫玛托玛这些大诗人的诗我倒能读懂，而当代这些诗人的诗却看不懂呢。

刘：他们有一种高远的情怀，虽然意境不懂，但情怀能懂。读不懂今天诗人的诗很正常，因为我们缺少一种真正高远、直击人心的情怀。

伟言：你的这个说得对，就是有一种被浸润的感觉。

刘：那种内在的召唤说不清楚，但能感受到。我们今天诗歌读不懂，首先是诗歌本身的贫乏，过多的一己情怀，没有找到从一己情怀通往更高的人类共通的普遍事物的精神通道。

阅读诗歌首先不是读，而是将自我浸润于诗歌之中，不是我们读诗，而是反过来，让诗读我们。写诗也一样，不是我们写诗，而是诗经由我们写出来，这才是一切艺术之道。

伟言：赞同，精神的天空还是矮了。好的诗歌基于个人体验的言说里蕴藏着博大。

刘：太对了。

伟言：说得真好，它本在那里，经由我们说出来。所以好诗一定质朴，但质朴里一样有华美。不矛盾。

刘：质朴就是事物本身的显现，所以质朴就是美的。恰恰我们质朴不起来，我们太自以为是，或者说我们的自我在艺术世界中过于强大，听不到事物的内在召唤，所谓写诗就成了自我表白。我们太急于表白，这是我们时代的特征。

心灵的残疾才是根本性的残疾

刚在某综艺节目中看到盲艺人杨光，不仅才艺多样，而且乐观豁达、情感丰富。主持人提醒大家多关注残疾人，我忽然想到，面对杨光这样的残疾人，到底是谁帮助谁？

当我们自诩关爱残疾人、帮助残疾人的时候，我们其实需要想想，究竟为何有这种居高临下的优越感？其实，关爱是相互的，残疾人心灵世界的健全一点也不比健康人差，正如同健康人心灵世界的残缺一点也不会比残疾人少一样。

与健康人的贪心、自命不凡相比，残疾人因为物质世界中的残缺使得他们在心灵世界中谨慎地克制着自己的欲望，努力使自己的欲望与能力平衡；对自己的喜好可能更具持久性，见异思迁的可能性要小得多；由于身体的残缺而更接近灵魂深处，并因为生活中点滴获得而对命运多一份真心的感谢，从而保持了一份难得的内心的宁静与平和。

正因如此，当我们说在物质世界中帮助残疾人的时候，我们需要呼吁在心灵世界中健全的残疾人能给在精神世界中残缺的健康人以关爱！人与人之间在心灵世界中相互关爱，这才是真正的相互关爱，而不是道义上高明的、故作姿态的单向度的关爱。

在这个意义上，不管是残疾人，还是健康人，最重要的是，大家一同活出人性的尊严，保持心灵世界的健全。

死的赠与：从苏格拉底到海子

苏格拉底一生以哲学为业，不断地提醒雅典人，提醒他们要关心自己灵魂的美善，胜过关心金钱、名誉、地位。最终苏格拉底因为不敬城邦之神和教唆青年的罪名而被民主的雅典处以极刑。在《申辩》的最后，苏格拉底这样说道："我去死，你们去活。我们所去做的哪个事更好，谁也不知道，除非是神。"苏格拉底用死亡告诉雅典的人们，提醒他们过一种审视的生活，现在他要走了，再也没有人像他那样如此热衷于劝导雅典人过哲学式生活了，他们也许会反过来怀念他。苏格拉底以自己的死留下了哲学生活的永远的生。

从苏格拉底之死，我不由得想起了海子，那个"面朝大海，春暖花开"的海子，他同样把自己馈赠给了诗歌，给了当代中国。

海子凭借他敏悟的心性，从遥远的安徽农村来到大都市北京，置身中国现代化的中心，却始终以边缘的心态观望，发现现代生活无处不在的虚幻、龌龊，一种虚无感浸透了他的人生。他只有在诗歌中寻找故乡，他找到了青铜，找到了麦地，找到了纯粹的阳光。青铜是民族纯粹的源头，麦地则是哺育我们生命的粮食之源，阳光则是一切生命的源头。显然，海子就是要为生命去寻找纯粹的根源。他也许帮别人找到了，但他并没有为自己找到，因为这个世界并没有多少人认同他，他只能孤独地荷载着生命的梦想。他清楚地知道自己生命的归宿，他需要纯洁之地，而这个世界没有他的容身之所，他从容地走向了自己的死亡。终于，他以自己的死唤起了无数人对青铜、对麦地、对纯粹阳光的渴望。他终于因死而生。

> 春天，十个海子全都复活
>
> 在光明的景色中
>
> 嘲笑这一野蛮而悲伤的海子
>
> 你这么长久地沉睡到底是为了什么？
>
> 春天，十个海子低低地怒吼
>
> 围着你和我跳舞、唱歌
>
> 扯乱你的黑头发，骑上你飞奔而去，尘土飞扬
>
> 你被劈开的疼痛在大地弥漫
>
> 在春天，野蛮而复仇的海子
>
> 就剩这一个，最后一个
>
> 这是黑夜的儿子，沉浸于冬天，倾心死亡
>
> 不能自拔，热爱着空虚而寒冷的乡村
>
> 那里的谷物高高堆起，遮住了窗子
>
> 它们一半用于一家六口人的嘴，吃和胃
>
> 一半用于农业，他们自己繁殖
>
> 大风从东吹到西，从北刮到南，无视黑夜和黎明
>
> 你所说的曙光究竟是什么意思
>
> ——春天，十个海子

海子把自己馈赠给了诗歌，给了这个贫瘠的时代。海子的第一首诗是《亚洲铜》，最后一首短诗是《春天，十个海子》。从《亚洲铜》到《春天，十个海子》，海子度过了如其诗歌般纯粹而丰盈

的一生。尽管海子唯美的死亡不足以撼动这块大地，但毕竟唤起了海子诗歌的新生。一个海子死了，唤起了十个"海子"的生。

> 和所有以梦为马的诗人一样
>
> 我也愿将自己埋葬在四周高高的山上 守望平静的家园
>
> 面对大河我无限惭愧
>
> 我年华虚度 空有一身疲倦
>
> 和所有以梦为马的诗人一样
>
> 岁月易逝 一滴不剩 水滴中有一匹马儿一命归天
>
> 千年后如若我再生于祖国的河岸
>
> 千年后我再次拥有中国的稻田
>
> 和周天子的雪山　天马踢踏
>
> ——祖国，或以梦为马

简单、丰富、高贵：阅读古希腊

我们不断地回望古希腊，是因为古希腊有一种充沛的生命。阅读古希腊，是通过文字建构出来的想象世界去触摸那个时代的痕迹。古希腊人的生命样式，可以用以下几个词形容。

第一个词是简单，或者说单纯。那个时代没有受太多的与人性无关的文明侵蚀，所以，生命没有太多的外在负担，所以人的活动就是更好地"成为人"。不仅如此，更好地"成为人"，不是更好地成为"你自己""你个人"。作为私己的个人与作为公共的个人，是统一的，所以这是一个非常重要的特性。用我们今天的话说，就是公私没有严格区分。在这个意义上，亚里士多德说"人是政治的动物"。现在讲人是政治的动物与亚里士多德的时代其实有很大的差距。人生活的根本是认同城邦公共生活,实现一个人作为城邦公民的德性,在这里,人性其实就是作为城邦中人的公民性。人之为人就是要实现人之为人的品性,而人之为人的品性是在公共生活中显现出来的。这就是简单,或者是单纯。反过来可以说,一个人固执于自我,反而会成为人性的负担,所以教育的起点,必须越过外在的负累,回到自然人性的本身。这是第一个词。

第二个词是丰富,正是因为对公共生活的参与作为人的基本的生命姿态,这意味着大大敞开了人性接受陶冶的空间。雅典公民生活的基本场所,第一是广场,中国社会重要的不是广场,而是庙堂。通过庙堂来祭拜先人,来传承生命先后的秩序,还包括对于权威的承担,所以它是封闭的。这是中国社会公共生活的一个基本特点,具有封闭性,以长者、权威者作为庙堂的中心。广场一个很重要的意义,就是属于民众,体现民众的参与。从空间来思考社会的政治。广场作为雅典的一个很重要的场所,体现了公民对城邦生活的参与。第二是寺庙,这也是一个很重要的场所。从人类社会伊始,祭祀就是最重要的活动之一,所以祭祀的权力其实就是政治权的中心,政治生活往往就是从祭祀开始。第三个重要的地方就是剧场。古希腊演出悲喜剧,这是丰富的文娱生活。所以剧场实际上是雅典公民生活的关键一个场所,那么欣赏戏剧就成为作为公民的重要生活方式。第四是运动场,或竞技场。竞技对发达体魄的追求,成为雅典公民非常重要的生活理念,当然这也跟那个时代对战争的崇拜有很大的关系。对古代人而言，实际上只有两种活动，一种是战场，另一种是和平，所以亚里士多德说战争是为了和平。竞技场的第二个意义是游戏，最初的竞技具有娱神的味道，它是表演给神看。现在的奥林匹克的圣火，实际上是找神圣的源头，具有神性的韵味。只有在神性的召唤中，游戏才具有高贵的品性。辩论、演说是公共生活很重要的内容。正因如此，公共生活的形式非常多，辩论、演说、参与剧场、竞技、旁听审判等，所以这就是丰富。

第三个词是高贵。何谓高贵？高贵无非就是两种东西，第一是人从自然界中超越出来，第二是人从个人中超越出来。雅典没有个人的概念，"个人"是现代西方启蒙思想中的概念。所以，高贵就是人从自然属性中超越出来，接受神性的引导。对神的仰望，是人变得高贵的最根本因素，所以我们大家可以看出前面所说的几个公共生活领域，都有神的介入，神性引导是雅典公共生活最基础的内涵。以苏格拉底为例，苏格拉底介入广场的姿态，介入民众的姿态，就是听从神谕，而雅典公民最重要的生活内容，就是敬神，对城邦神的虔敬。所以古希腊所谓的城邦就是对不同神的祭奉作为区分的标志。换言之，古希腊的城邦始于神，始于理念，它是理念在先，城邦是理念的赋形而已。而中国的城邦是以土地为标志的，所以我们的国家以土为标志。柏拉图的理念就是形，是观念上的形式，内容是我们看得见的东西，形式先于内容，形式赋予内容以和谐的秩序。

神意味着精神向上的一种仰望，对神性的祈盼，让人从大地上抬起头来，担当人的命运，所以，与高贵关联的还有另外一个重要的关键词：命运。古希腊传说中的英雄就是敢于担当命运的人，所以古希腊的悲剧就是命运的悲剧。我们对悲剧有一个世俗的理解，就是把美好的东西撕破给人看，其实悲剧换个角度而言，就是敢于担当厄运，这就是悲剧的意义。悲剧的根源在于人性与神性的冲突，就是让人去深切地了解命运，所以雅典的剧院是以悲剧来塑造雅典公民人格的场所。如果我的命运注定是受苦的，那么就勇敢地去受苦吧。所谓扼住命运的咽喉，这是现代启蒙的口号，与古代没有关系。遗憾的是今天的人想做悲剧性的英雄却做不成，古希腊的英雄并不关注外在的功利，更涉及人的本性、命运。

就中国文化而言，用朱光潜先生的说法，我们其实只有悲苦剧，而没有古希腊意义上的悲剧。像《窦娥冤》是悲苦剧，悲的来源并不是命运本身，而是社会，所以悲苦剧可以来个大团圆结局。悲苦剧往往就是把命运刚撕开了口子，刚把个性敞开一点深度陶冶的空间，却一下子在圆融的结局中获得一种简单的、肤浅的审美愉悦，这使得面对命运撕裂展现出来的崇高感迅速降低。所以，悲苦剧传达的意义往往是，只要我们改变外在的条件，就可以获得人生的完满。如《白毛女》，只要我们把罪恶的黄世仁这个地主阶级推翻了，我们就可以获得幸福，这就是中国的审美主义，一种俗世化倾向的审美主义。中国的审美文化具有一个重要特征，就是圆融的，不痛不痒的，缺少真正的悲剧意蕴，是在逃避现实人生的困境。像《罗马假日》就很有悲剧意味，真正的悲剧是命运的悲剧，并不与社会直接相关。换言之，并不是社会制度变了，就可以过得很幸福，就可以获得完满的人生。

悲苦剧更多的与社会相关，而古希腊的悲剧直接面对的是命运。悲剧就是要敞开人性的裂缝，在一定意义上而言，悲剧就是提醒我们人生是不可能完满的，那么作为人就是要勇敢地担当命运。还有一个词，天命，勇敢地担当上天赋予你的神圣使命，充分地激发人生的崇高感。像俄狄浦斯的女儿安提戈涅，选择服从神的指令，勇敢赴死。高贵的承负源于人与神的联系，遵循神意，在实践中的表现就是个人勇于承担神给予的命运。苏格拉底作为神的命令的实践者，他勇敢地赴死，绝不逃脱，所以他的死才是他的生。

　　这中间表现出的古希腊生命的一种精神：简单、丰富、高贵。古希腊的生命品质是以发达的身体为基础，而现代人缺少对于身体的崇拜。身体固然重要，但更重要的是发达的精神。精神以身体为基础，身心和谐，这是古希腊生命的样态给予我们的启示，那就是健康的身体寓于健康的心灵。古希腊追求生命的质更胜于生命的量。命运如果让你去死，那就勇敢地去死，"苟且活着，那就不如不活"。现代社会不是一个英雄时代，现在不是一个高贵时代。现在已经进入一个黑铁时代，庸众的时代，或者叫凡人时代。尼采非常深刻地看到了这一点。今天我们已在所谓的现代化的旋涡中越陷越深，其实所谓的现代化就是物质和欲望的合法化。正是对物欲的沉迷，矮化了现代人的精神和人格。"儿女情长，英雄气短"，当我们过多地陷入儿女情长，实际上就失去了英雄的气魄。李宗盛的《凡人歌》是我们时代无可奈何的真情告白，我们表面上追求生命的质，实际上是一种平庸的质，而不是高贵的气质，这就是今天时代的命运。

　　我们为什么需要哲学，为什么需要教育哲学，就是要刺激这样一种庸众的生活。尼采的"群畜道德"提示我们，选择过高贵生活，还是畜群生活，这是我们现代人的问题。当英雄早已经一点一点地远去，我们进入了一个凡人的时代，所谓自由教育在今天的根本要义，就是要对抗这种凡人化的潮流，就是要抵抗这种流俗之气，就是要以人性的卓越来对抗物欲和潮流的冲击，而这正是所谓精英教育的要义。

第二辑　历史情怀与文化意识

生命化的历史与历史教育

人活在世界上总是有根源的，正是这个"根源"成为今天的人们生活的基础，我们总是站在这个根源之上来触摸到自我生命存在与发展的脉络。一个人对自我存在的所有感觉都是以个人存在的根源、以个体拥有的历史与文化为基础，否则我们就无从思考和感觉，无法找到自我。个人自我往何处发展，都是在历史中展开的。在此意义上，历史就是我们存在的地平线。

一、任何历史都是生命史

生命曾经的存在构成生命的历史，生命存在的历史构成了当下生命存在的整体内涵，我们的生命存在"在"历史"之中"。这是个人的"小历史"，个人的历史实际上又与人类的、民族的历史息息相关，我们生活的过程无时无刻不在与人类的、民族的历史相照面，生活中密切相关的文明无一不是历史的结晶。世界中的各种建筑、雕塑、艺术、书籍，都时刻把我们引向对历史的记忆，这就是"大历史"。

任何历史都是个人的生命史建构起来的，是个人的生命史在建构、丰富着大历史。小历史又通过大历史得以保存与延续，这就是指我们通常所说的一滴水怎样才能不干涸，答案就是把它放进大海里去。大历史是小历史展开的基础与背景，小历史又反过来构成大历史，而成为新的大历史的基础，大历史通过小历史而得以丰富、扩展。小历史和大历史是紧密相关的，是一种互动的、交错的关系。小历史本身是在大历史的背景中展开，小历史又汇聚成新的大历史，我们走近历史，触摸历史就是要触摸先人的生命史，从历史中去感受先人生命的温度。

如果说个人的历史，就是个人生命的存在史，那么种族的、人类的历史无非就是民族的、人类生命存在的历史。先人作为存在者已经逝去，但他们的生命的痕迹依然保存在他们存在所及的作品(物品)之中。屈原已经死了，可我们到汨罗江边就会想起屈原，屈原已经逝去了两千多年，但汨罗江还存在，汨罗江就是屈原曾经的存在的见证。屈原虽然死了，但正是他的死使得他的存在通过汨罗江得以保存下来，汨罗江就成为屈原存在和他作为存在者终结的见证。他的生命的终结之日也是他的存在保留之时，跳江的事件本身就是他存在的极致，他死之日正是他的存在在历史中完整复活之时。屈原已经不在了，但他的历史留存了下来，只要汨罗江还在，江畔的人还在，屈原存在的历史就会被延续下去，照亮汨罗江畔的后来者。这就是凭吊的意义。

后人是通过先人所留下的遗迹来触摸他们曾经存在。我们走进历史实际上是走进先人的存在史、生命史，走进他们生命存在的空间，通过他们的存在来扩展我们的存在，从而使得后人的存在打上先人的痕迹，使我们成为拥有现代的、民族的身份的人，我们是在历史中承续先人精神的星火。我们之所以成为现代人是因为站在前人存在的肩膀上，我们之所以成为中华民族的子孙，是因为先人存在的痕迹深深地烙在今人的身上。我们的思考说话的方式，生命存在的方式，无一不显现出我们先人存在的痕迹。

历史作为一种曾经的存在总是以精神的方式延展在今天的生活世界之中，建构着今天，建构着今人的生命世界，成为今天的人们生命世界的基本质料。正因如此，"一切历史都是当代史"。历史以精神的方式延续到今天，忘记历史就意味着背叛，因为历史孕育了我们生命的根。历史不是身外之物，它恰恰就是你生命的质地，离开了历史我们的生命将一无所有，虚空就会成为生命的基本质态。

二、不是历史需要我们保护，是我们需要历史保护

在莫斯科，有一个新圣女公墓，每天都会有大批的莫斯科市民来到这里放松心灵。这里沉睡着著名文学家普希金；作家果戈理、契诃夫、马雅可夫斯基、法捷耶夫；作曲家肖斯塔科维奇；戏剧理论家斯坦尼斯拉夫斯基；舞蹈家乌兰诺娃，画家列维坦；科学家图波列夫、瓦维洛夫；政治家米高扬、波德戈尔内等。这些曾经对俄罗斯的历史发展起到巨大推动作用的世纪伟人都长眠于此，而且每个人通过自己独特的墓碑，向世人讲述着他们的生命故事。在俄罗斯人的心中，新圣女公墓不是告别生命的地方，而是重新解读生命、净化灵魂的天堂。正是托尔斯泰、普希金、

果戈理、契诃夫等文学大师，像一盏盏烛光，照亮了封建沙俄统治下的夜空，点燃了俄罗斯人民渴望自由追求理想的火种。人们现在来到新圣女公墓每次见到他们的墓碑时，都是自己灵魂的一次净化。

见到墓碑就会勾起你对先人的想象，凭吊的过程就是与先人对话的过程。每个人都是要死的，生命是短暂的。生命来自于大地，最终要回归到大地。一个优秀的民族懂得细心地呵护它的杰出儿女的生命存在，把他们的遗迹留在大地上，丰富大地的内涵，成为新生命的精神起点，成为代际间传承的基本形式。新圣女公墓就是在用庄严肃穆的形式，艺术地存留下那些杰出的存在者，从而让后人走到这里，最大限度地激活对那些杰出的灵魂存在的想象，我们对先人的想象就反过来拓展了自身生命的想象。带有先人生命痕迹的建筑与雕塑，呈现的是一个个的生命史。正因如此，我们以艺术的形式尽可能多地保存先人生命活动的缩影，就是把历史人文真实地留存在大地之上，在不断绵延的通向未来的时间与空间里，成为呵护后来生命样式的重要精神资源。我们需要精致地、艺术地设计我们的大地，其实就是设计我们民族精神史的时间与空间。我们去观瞻，历史人文重现在我们生命的之中，拓展我们的生存空间。怀想先人，对逝去的先人已经毫无意义，其指向的其实当下人的生存。

人的存在总是有限的，死亡给了其限度。但人的存在并没有随着生命的消逝而消逝，存在的痕迹依然保留在大地之上，保存在世人之中，在人类的记忆之中，存留在语言、建筑、器物、艺术作品等"遗迹"中。失去了先人的遗迹，我们就等于失去了历史，历史就完全地成了过去，被抛却在冰冷的时间长河之中。历史就成为了远观的对象，而不是逐渐融入我们生命之中。保护先人的遗迹，就是保护真实的历史，就是留存先人存在的踪迹。这种留存在有效地扩大我们的历史记忆的同时，拓展了今人的存在空间，同时为当下烙下民族、历史的痕迹。

当物质生活渐渐丰富，我们开始关注精神生活的需要，开始关注古董、文物、风景名胜。从个体存在的视角而言，意味着当人作为物欲的存在获得基本满足的时候，人才意识到精神存在的需要，人才真正开始摆脱动物性生存。但历史的遗迹是需要保护的，有些东西一旦失去就永远不在，正因如此，我们需要细心地呵护我们的大地。大地不是纯粹物质的，而是历史的、生命的、精神的。大地需要我们诗意的保护，这样才能更好地把先人的遗迹保存下来。最糟糕的"败家子"，并不一定是对于先人的财产不珍惜，而是看不到大地所遗留下的历史痕迹的精神性与生命性，从而把历史物化、功用化，把不符合当下利益的东西，弃若敝屣。财产失去可以重新获得，而珍贵的历史痕迹一旦失去就不可能复来。历史本身当然也需要保护、延续，但保护历史更重要的是为了拓展我们当下的生命空间。

我们的存在在哪里？在人类中，在历史中。历史不是遥远的过去，而是我们生命周遭的真实存在，是构成我们生命内涵的基础。没有历史，我们的生命将一片虚空。在这个意义上，并不是历史需要我们保护，恰恰是虚空中的我们需要历史的保护，历史给我们的生命编织体贴的衣襟，给予我们生命以真实的内涵，保护历史的根本意义正在于呵护我们自己。

三、培养教育的历史情怀

历史是我们存在的空间，是历史给人以丰富、厚重、多样的生命陶冶，让我们扎根在这个世界之中。教育就是要敞开个人的历史情怀，引导个体接近历史，更重要的是，接近历史中曾经的生命存在痕迹来拓展个人的生命空间，教育需要培养历史的情怀。良好的教育就需要凭借历史来敞开当下个体的生命存在的空间。我们沿着历史的阶梯一步步往上攀爬，历史丰富、滋养了我们的生命质地。

我们经常对历史有一种"隔"的感觉，这实际上就是截断了当下生命向历史延伸的可能性。当我们更多地生活在当下，生命空间是狭小的。一个人生命空间如果太小，个体就不可能以独立的人格姿态来适应社会，个人就无法真正地敞开自我，就只能更多地生活在"小我"之中，就没有办法积极拓展自我，把个体生存融入他者生命世界之中。在这个意义上而言，走进历史上曾经的生命存在，就是拓展当下生命的襟怀，引导我们走向与他者生命的共在。教育就是要凭借历史，要通过教育活化历史中的生命想象，以此来激活、拓展个体自身的生命想象，用历史的内涵提升生命的境界。

善用历史资源是教育的重要途径，教育的过程就是一个充分地利用人类、民族的历史资源的过程。对我们而言，就是怎么样充分利用身边的历史资源，引导个体珍惜身边的历史，把历史意识融入个人日常生活之中。我们生长在一个地方，就应该尽可能地走进这个地方的历史，这样生命才能贴近这一方土地，行走在此，不单是行走在物理空间的"此（地）"，而且是精神空间、生命空间的"此（地）"。"一方土地养一方人"，之所以这方土地养了这一方人，是因为这一方人深深地扎根于这方土地的历史之中。教育必须要有开放的历史视野，这种历史视野不仅是大历史，是书本上的历史，而且是个人生活周遭的、触手可及的历史。怎样更好地走进历史，用历史来丰富自我，拓展自我生命存在的深度与广度是我们今天面临的历史与教育的基本问题。

"人唯求旧，器唯求新。"人有两个方面的存在，作为肉体的人需要新，作为心灵存在的人需要旧，精神是需要积淀的，生命需要安顿，生命需要家。我们现在的人更多的是急于寻找肉体的家，而忽视了给自己的心灵找家，历史就是我们心灵的重要的家园。不断回望过去，回到原初的智慧，实际就是当代人寻找生命家园的一种表达形式。出发就是为了返乡，人在往前走的同时要不断回到生命的根本，回到生命的家，家就是对历史起点的回溯。教育除了呵护人的肉身，提高人肉体生存的技能与社会适应，更重要的就是给生命找家，不断地回到生命的历史源头，活化教育中的历史情怀，就是教育为生命找家的努力。生命是需要历史来呵护的。缺少了历史的呵护，生命难免陷于虚空。

个体发展的历史是族类发展史的复演，任何个体都是种族的、人类的，人不可能孤立的存在，同时人的发展也是渐进的，不断回溯的，从不断回溯重温历史的过程中，慢慢获得生命的滋养。不断地回溯历史，感受前人的生命历史，引导、呵护我们今天的生命成长，置身虚无境遇中的我们尤其需要在历史的回溯中找到生命充实的可能性。

在俗世主义的文化之中，我们很难找到什么东西来直接拯救我们精神世界的空虚，也不能直接诉诸生命的本能，那样更会导致空虚。守住历史就成了我们今天拯救心灵空虚的一剂慢而温和的良药，我们今天日益俗化的教育所需要的正是这样一种努力，用历史来夯实生命的根基。不仅如此，对于今天浮躁的教育而言，重温人类、民族的生命与精神的发生发展史，对于我们更好地理解教育的含义，特别是理解在一定文化背景中的教育的独特意蕴，有着重要的意义。

四、历史教育：走向生命化的历史

我们学习历史，熟悉历史，是为了让我们对历史的"知"来丰富我们的生命，使我们在历史的回望中审度今天与明天、现实与未来，让历史赋予生活意义，我们就生活"在"历史"之中"，在历史寄予我们的"意义"之中，我们在历史中更清楚地看见了生命的过去、现在和未来，我们也因此而真正"拥有"了历史。历史教育一方面让我们理解历史上曾经的生命存在，另一方面又让我们回到自身，用历史来滋养当下的生命空间，启发生命的意义。失去历史的呵护，生命就迷失了方向。我们今天遭遇的精神空间的虚无，一个重要的原因是我们对历史的呵护非常欠缺。历史不是在过去，历史总在现实中，在我们真实的生活之中，只有当历史触手可及时，才构成影响当下生命存在的真实历史。

雅斯贝尔斯曾这样论及当下历史及其教育的重要性："今天，我们的社会是一个生产和消费的社会，人们生活得不错，不过我们就这样满足现状了吗？对事实盲目无知吗？如此虚幻不实？如此不负责任？如此爱说谎？如果我们仍然这样，我们所面对的将是一个与第二次世界大战的灾难完全不同的另一个大灾难，而且到那时我们也会觉得那不是自己的责任，就好像在希特勒时代以及今天仍然有大部分的德国人感到对希特勒的王国没有丝毫责任一样，我们不但要了解历史上所发生的事，而且要反省历史，这样才能清楚本国的道德和政治状况。今天和过去一样，最疯狂的事仍然有可能发生。历史之光照亮了当下，它不但告诉我们一去不返的往事，更指出过去发生过而今仍存在的事情。"历史教育在引导个体关注社会的同时，更基本的任务就是全面滋养个体生命，促进个体的精神成人。

我们今天的历史教育更多的是把历史知识化，与此同时，个体就成了盛装历史知识的容器，而不是活化历史的生命体，这就加深了历史与当下生命之间的鸿沟，造成历史在当下个体生命之中的物化，历史成为个人思维的记忆材料，而不是对生命的鲜活滋养。历史的教育的根本问题是"无人"的历史教育，一是历史本身的去生命化，二是历史教育指向的去生命化。历史教育需要回归其本原，回归到对个体生命的悉心体贴与呵护。

首先，我们必须明确，历史教育的根本目标是为了丰富当下人的生命空间，促进个体的精神成人。历史教育指向的不仅是学生的眼睛和大脑，而且是学生的心，是学生的生命世界。历史教育的基本目标，就是要在个体的生命世界之中开启、培育良好的历史意识。历史意识是个人主体意识的重要组成部分，历史课程的学习不是增加我们知识仓库中历史的相关累积，而是要提升个体生命在世的主体性，培养个体一双历史的眼，一颗为历史所浸润的心。有了历史的眼和历史的心，我们就不仅仅是肉身生活在大地上，精神也生活于大地之上。我们在大地上行走，就处处可以与历史相遇，我们才可能"历史地栖居"于大地，也就是"诗意地栖居"于大地。

其次，历史本身同样需要还原成活生生的生命存在的历史，成为有人的历史。只有这样，才能改变那种物化的、纯客观化的历史观，使历史超越知识的立场，而进入心灵的立场、生命的立场，超越世俗层面的家国情怀，而进入精神层面的、超功利的生命情怀。我们目前的历史教育，更多的是简化的历史，缺少人的生命史，人文的关注、生命的情怀湮没在历史梗概之中，淹没在历史数据、事实与帝王将相的丰功伟业之中，湮没在物化的历史之中。我们需要恢复历史的本来面目，还原历史作为生命的存在，拉近当下生命与历史生命之间的距离，活化历史的生命意蕴，培养个体对历史的亲近感。

追寻历史中渐行渐远的背影

我是在初中毕业那年考上师范，到县城去面试的时候，在书店买了本厚厚的《古文观止》，那个假期背诵了其中的名篇《滕王阁序》，那时就牢牢记住了其中的两句："屈贾谊于长沙，非无圣主；窜梁鸿于海曲，岂乏明时。"尽管后来在语文课本中学到过他的《过秦论》，但对他确实没多大感受。后面到长沙读大学，毕业留校任教迄今，一直没有刻意去关注贾谊究竟何许人也，对于长沙究竟意味着什么，尽管一直知道长沙有个贾谊故居，就在桥东不远。

　　冬天的假日，难得的阳光，出去走走。走过湘江一桥，桥头是太平街，同行的朋友忽然提起这里边就是贾谊故里。闲来也无大事，不如随意去看看。走进太平街，这条曾经作为长沙存在象征的繁华街道如今已是有些破落，几处地方都有保护长沙古城的标语，两边的商铺也在随处可见的水泥沙子中等待翻新。走过去三四百米，一个古色古香的四合院，正是贾谊故居。暖暖的阳光照着，但门口黯然，无人出入。花上十块钱买张门票，随意进去，瞧个究竟而已。就是在有意无意中，在浏览贾谊生平的瞬间，我的心越过千年庭院，与贾谊相遇。想不到走进贾谊故居，相遇贾谊竟然是在我在长沙待了整整十六年之后！

　　贾谊（公元前 200—前 168），西汉政治家、文学家，洛阳人士。18 岁时，就以博学能文而闻名于郡中，得到郡守吴公的赏识，收为弟子。文帝即位后，因吴公的推荐，任为博士，掌文献典籍。其时，贾谊不过 20 多岁，在博士中最为年轻，但以见识和议论，赢得博士中年长者的尊敬，受到文帝的重视，不到一年，被擢升为太中大夫。朝廷上许多法令、规章的制定，都由他主持进行。贾谊的才华和文帝对他的信任，引起了部分朝臣的不满。加上他曾上疏陈治安之道，建议让长住京城、过着奢靡生活的诸侯王回到封地，以减少对民众的搜刮。这使他树敌无数。文帝原本要拟任他为公卿，但马上遭到周勃、灌婴、邓通等近臣的反对。他们以"洛阳之人，年少初学，专欲擅权，纷乱诸事"的流言，动摇了文帝对贾谊的信任，文帝让贾谊离开长安，去做长沙王的太傅。在长沙任职的三年中，贾谊一直郁郁寡欢。文帝七年（公元前 175），贾谊被召回长安，任梁怀王的太傅。此时文帝虽仍赞赏贾谊的博学，而对于他多次上疏陈述的政治主张并没有积极采纳。后来梁怀王骑马时摔死，贾谊认为自己没有尽到太傅的责任，经常悲泣自责，不久就在抑郁中寂寞地死去，年仅三十三岁。

纵观贾谊的一生，可谓年少得志，意气风发，才华横溢，他对时局的把握精准，在政治、军事、文化、哲学方面都有着杰出的才能。他建议用"众建诸侯而少其力"的办法，削弱诸侯王势力，巩固中央集权；主张重农抑商，"驱民而归之农"；并力主抗击匈奴的攻掠。他认为"道德造物，德以道为本"，生阴阳、天地、人与万物，万物变化不息。他还提出"变化因时"的观点，认为要根据社会的发展，制定出相应的政策和法令。这些观点对当时、对整个汉代的政治，甚至对其后的中国政治发展，都影响深远。他也可谓曾深得汉文帝的赏识，但终究满腹经纶，报国无门。文帝并非不识贾谊之才，不乏明主气质的他可能心里也十分明白，但当迫于眼前压力要牺牲贾谊的时候，文帝自然会屈服。所以，实际上贾谊他面对的并不只是一个皇帝，而是一个盘根错节的专制体制。才华横溢的他终究只能是皇帝面前的一枚棋子，个人高蹈的才气能照亮的也终究只有自己的人生，却无法给强大的专制体制以开阔的亮光。

"世上有伯乐，然后有千里马。千里马常有，而伯乐不常有。"在浩瀚的历史时空里传来韩愈悠远的声声叹息。对于我们民族而言，从来就不缺少才华横溢的仁人志士，缺少的是让他们的才华得以在现实中安顿，给他们的才华以显现的空间的可能性。贾谊遇见了识才的文帝，这是他的幸运。但所谓"成也萧何，败也萧何"，个人的力量终究无法改变历史的轨迹。有了"伯乐"还不行，还要有把"千里马"当"千里马"的平台和机制，还要有把每个人都当人，而不是当棋子的社会体制。

说句心里话，贾谊故居确有些简陋，跟他的文名不大相称。我很快就把贾谊故居参观了一遍，匆匆出来，工作人员连忙开门。因为人少，门已被关住，看门的工作人员要去吃中饭了。从故居出来，往南走不过几十米，很快就是车水马龙的解放路娱乐一条街。今日长沙以娱乐业闻名天下，这与黯然的贾谊故居形成鲜明的对照。曾经绝代的才子不足以增添商业化时代的丁点气象，他的逼人才气已经比不上直线距离不过五十米开外的金色年华闪烁的一盏小小的卡拉 OK 广告灯。

贾谊不幸长沙幸，正是因为贾谊的贬屈，为一度是贬谪之地的长沙带来些许文化的暖意，给长沙的历史平添无数文化的魅力，才有了今天长沙以历史名城自居的一点底气。长沙有幸得才子，得才子是长沙的荣幸，却是文帝的不幸，直到贾谊死去，他才恍然大悟失去了一位得力的重臣。长沙有幸留才子，却把才子抛在历史冰冷的空间里，除了作为城市名片上的点缀符号，娱乐至上的长沙却没有给这位杰出的才子以任何实质性的空间。在长沙城不断扩展的物理空间里，在城市宏大的现代化叙事的背后，在暗淡的太平街的一角，存留着一脉微动的烛火，摇曳着贾谊忧郁的身影。才气逼人的贾谊终究跨不出这间小小的院落，融不进长沙城真实的精神血脉里。

这些年来，不少时髦的儒家新人急切地想把传统儒家文化纳入社会意识形态之中，成为引领当代中国社会生活的精神资源。

殊不知，比这更重要的，其实是与平民百姓日常精神生活息息相关的历史情怀与文化意识的建构，以此夯实国人在时尚与新潮之中飘摇的文化精神根基，缓解当下生活的过于浅俗化的倾向。

是的，我们已然生活在一个五彩缤纷的世界时代里，奢华早已成为趋之若鹜的生活目标，物的繁荣渐渐吸住了我们所有的目光。历史文化从我们身边一点一点地褪去，我们沉醉在娱乐至上的感性主义和消费至上的功利主义之中。所谓的历史悠久、文化精深，不过是拿在手中的最后一块遮羞布，我们实际上正在进入一种无根化的生存。当历史中风华绝代的才子在今人的视界中渐行渐远，这到底是一种幸还是不幸？

"如切如磋，如琢如磨"

《论语·学而》中有一个经典的片段：

> 子贡曰："贫而无谄，富而无骄，何如？"子曰："可也。未若贫而乐，富而好礼者也。"子贡曰："《诗》云，'如切如磋！如琢如磨'，其斯之谓与？"子曰："赐也！始可与言《诗》已矣，告诸往而知来者。"

"贫而无谄，富而无骄"是从消极之维，也即不做什么的维度来阐释个体德性修养；"贫而乐（道），富而好礼"则是从积极之维，也即做什么的维度来阐释个体德性修养。"贫而无谄，富而无骄""贫而乐（道），富而好礼"所蕴含的都不仅仅是德性修养的静态目标，而更是一种德性修养的过程，是一种立足个体日常生活的修养方式，也即个体如何在自身贫或富的生存处境之中，以消极之维的"无谄"与积极之维的"乐（道）"或消极之维的"无骄"与积极之维的"好礼"来历练自我。正因如此，才会有孔子对子贡提出"《诗》云，'如切如磋！如琢如磨'，其斯之谓与"的称道，因为君子修养的过程正是一个在日常生活之中从消极、积极之维反复磨砺自身的过程，也即《诗》所谓"如切如磋、如琢如磨"的过程。

不仅如此，如果我们把子贡与孔子的对话过程本身看作一个德性教育的活动，不难发现，短短四句，本身就是一个经由切磋的过程而至师生德性生命共同敞亮的过程：子贡从自己的生活观察与思考提出"贫而无谄，富而无骄"，这是其自我"切""琢"的过程以及初步的成果，随即，子贡以"何如"向孔子求教，乃是其自我"切""琢"后向作为师者的孔子提出进一步"磋""磨"的期待；孔子一句"可也"是对子贡前期自我"切""琢"的肯定，而其"未若贫而乐，富而好礼者也"无疑是对子贡观点的补充，或者说是对子贡观点以及生成这种观点的心灵意向的进一步"磋""磨"，换言之，孔子在"磋""磨"子贡观点的同时，也在"磋""磨"子贡的心灵意向；正因为切磋、琢磨的不仅仅是思想观念，而且包括孕育思想观念的个体心灵本身，所以经过孔子的"磋""磨"，子贡的心灵进一步敞亮，其心灵深处的《诗经》记忆瞬间被激活，并使得这一记忆的意义得以在子贡心灵世界中彰显出来："《诗》云，'如切如磋！如琢如磨'，其斯之谓与?"

前面分析的是从子贡出发，经由与孔子之间的切磋而至自我磨砺的过程，我们再从孔子出发来分析：当子贡问孔子："贫而无谄，富而无骄，何如?"孔子回答："可也。未若贫而乐，富而好礼者也。"这是经由子贡问题的引领而发生在孔子内心的"切";而当子贡进一步说出:"《诗》云,'如切如磋!如琢如磨',其斯之谓与。"之时,孔子马上回答:"赐也!始可与言《诗》已矣,告诸往而知来者。"这里无疑是孔子对子贡的奖掖,也是孔子对子贡的发现,同时也是孔子对与子贡对话这一学习活动过程本身的发现,对个体学习方式本身的发现,即从"告诸往"中"知来者",也即从对过去记忆的激活中创生新的意义与思想。换言之,子贡的创造性回答反过来成了"磋""磨"孔子心灵的契机,激励孔子对他们的对话过程的反思与发现。

切磋的过程是一个激活过去记忆,进而创生新的意义的过程。这个过程也可能创生新的思想,当然,是否创生新的思想并不重要,重要的是通过彼此切磋活动本身,达到个体心智的提升,也即达成个体德性的内在激励与生长。

回顾前面的论述,我们可以从切磋出发,理解"如切如磋、如琢如磨"意义创生的几个层面,或者说意义生长、创造、转化的几个阶段:

首先是初始性的,也即先民实际生活场域中的切磋与琢磨,这是原初性的,意义创生的根源在质朴的生活。其次是古典诗人发现了切磋与琢磨跟君子之德的隐喻关系,从而让切磋与琢磨进入诗歌之中,赋予其以高明道德的含义。再次是子贡在跟孔子关于德性修养的对话中生成的关联于诗经之新意,也即君子的德性离不开积极、消极不同层面的磨炼。最后是孔子从与子贡的对话以及子贡的自我意义创生中赋予了切磋另一层含义,人与人之间的对话带来意义的创生,也即"告诸往而知来者"。

意义创生的过程，是一个不断回返的过程，是在对话性交往中不断回返初始性语境，由此而赋予新意的过程。如果说从生活场域上升到诗性的、理性的抽象是意义创生的关键一步，那么，我们可以看出，每一次意义的创生都是一个在具体情景之中的提升与超越。

分析到这里，我们似乎廓清了意义创生的历史过程，不妨再进一步。当我们今天重新阅读《论语》，亲近孔子对话的时候，实际上我们再一次回到孔子与子贡切磋的场景，并通过他们的对话回到《诗经》，一下子生命充满了温暖。我们阅读《论语》的过程，首先是活化文本，让自我置身情景之中，开启我们的心智，并且把过去的记忆带入当下，获得意义的创生。生在今天，我们活在古典的"切磋"与"琢磨"之中，我们活在先哲开启的多重意义之中，得以用切磋的意义生长史来切磋、琢磨我们自身，因为这温暖而亲近的切磋、琢磨而让今天的生命变得鲜亮。

伴随历史发展与时代进步，被现代文明裹挟的我们难免会遗忘开端，只顾着当下各种炫目的事物，忽视了事物的基础与本源。不仅如此，今天，我们过于迷恋创新，甚至把新等同于好，忽视了不断地回溯开端是孕育个体创造力的基础形式，开端对于任何时代几乎都具有根本性的意义。对开端的遗忘与背离，难免导致的盲目与冒进，而开端则在隐匿的深处静观着我们的自大与无知。正因如此，开端的迷失是根本性的迷失。

不管时代如何变迁，我们总是要不断地回溯民族的开端，回到民族的起点，以在生命之中烙下民族最初的印记，从而让自身成为有根的存在。那植于个体之中的民族的起点乃是一个民族的经典。任何个体的发展总是依托于一定民族的文化，而民族文化的代表就是经典，回到经典就是回到个体的起点。当然，伴随文明的不断融合，经典逐步跨越民族的界限，使得个体发展可以在更宽广的视域中重温经典，追溯不同民族的精神性起点。

正因如此，我们倡导经典教育，让民族、人类的开端植根于个体人生发展之中，让我们在不断地返回起点的过程中切磋我们自身，以民族、人类的开端来温润我们不断向前迈进的生命历程，活出生命的光亮来。

"大学人文讲演"一解

20 世纪 90 年代初以来，由周远清、杨叔子等人发起的大学文化素质教育以及相应的大学人文讲演活动，无疑是当代中国大学在大学人才培养与大学精神培育方面一个重要的举措。华中科技大学曾经把学校中进行的人文讲演编成《大学人文启示录》，至今已连续出了近 10 辑；其后，北大清华都先后推出了《大学通识讲演录》《大学讲堂》《在北大（清华）听讲座》等相关书籍。东南大学历十余年之功，邀请名家讲座近千场，主事者从中精选，分大学人文教育卷、文学卷、历史卷、哲学卷、艺术卷等，以《人文通识讲演录》为题，凡八卷，由文化艺术出版社出版，可谓当代大学人文讲演之盛举。有感于大学人文通识讲演之"大学""人文""讲演"三词之间的微妙牵连，叙之于下。

一、"大学"

顾名思义，大学人文讲演是在大学中围绕人文的主题而展开的讲演，大学既是场所，也是方向，这种讲演要凸显一种大学的追求。大学的讲演自然不同于中学、小学的讲演，大学的讲演应以"大学"的基础为背景，也就是以"大学问"为根底，大学的讲演应蕴含着大问题、大爱、大智慧。在这个意义上，大学的讲演追求的不仅仅是一般讲演所追求的言辞的优美、华丽以及讲演的技巧，而必须贯之以大学的内在精神，以人文通识来超越专业技能的狭窄视野而走向精神成人的开阔之地。仅靠言辞与技巧支撑的大学讲演，不足以名之为"大学"的人文讲演。

正是在这个意义上，大学人文讲演中的"大学"，不仅仅是场域，它首先意味着一种大学的气象。

二、"人文"

大学讲演何以称为"人文"的讲演？人文首先是讲演的目标取向，意味着大学讲演的要旨在立人，立人是大学讲演的根本。大学的目标无非就是以大学问来彰显大人格，即以对知识与真理的追求来显现个体对完整、卓越人格的追求，以对普遍知识的追求来超越狭隘的专业技能训练，把个体培养成自由思考、精神独立的博雅之士，而不是熟练的工具。所以，大学目标的核心就是精神成人，就是人格的卓越，就是立人。大学讲演不论主题是人文、历史、哲学、宗教、科学、艺术、社会或是其他，都以开启心智、锻造人格、涵育人性、提升生命境界为己任。

人文不仅是目标，而且是一种存在的姿态。人文的姿态首先意味着尽可能地超越局限，自由探究，免于世俗、功利的挤压与干涉，以启迪大学的精神气象。人文的讲演首先闪耀的是真理之光、智慧之光，而不斤斤计较当下俗世的压迫，简单服务于当下现实的需要。其次，人文姿态意味着平等与分享。正是因为大学人文讲演以追求真理、激励人格为己任，所以，大学人文讲演的目标是把作为说者与听者的大学人共同置于真理的光照之中。不是演讲者在发布真理，而是听者与说者一起进入真理的堂奥之中。

三、"讲演"

大学人文讲演之"讲演"为何也是一个关键的词语？讲演实际上是大学人文的实践样式，也是大学人文的存在样式。讲演意味着回到苏格拉底的方式，在话语之中呈现出来真理，真正的知识在活泼的对话中展开。真理不是显现存在手边的静态的"物"，真理必须以活生生的姿态出现在我们的生命之中。讲演就是这样一种基本的存在样式。

大学人文性格之所以以讲演的姿态传递，本身就意味着大学人文是活动的、敞开的，而不是静止的、封闭的。大学不是研究所，不是纯粹的知识生产，大学必须是大学人共同求知的地方，而讲演无疑是大学人文存在的基本形式。

四、"大学人文讲演"

从前面的分析可以看出，大学是场域，人文是存在姿态，而讲演则是大学人文的具体实践样式。如果说大学是理念，那么人文讲演就是大学理念的赋形的现实行动，就是大学之道的"肉身化"。换言之，大学就存在于杰出的人文讲演当中，如果说大学是形式，人文就是内容。大学的核心内容就是人文化的讲演。没有人文讲演的大学，不是真正的大学。

　　理想的大学原本就不是建立在高楼之中，而是建立在大师引领的精神气象之中，建立在为大学人文所引领的心灵世界之中。

精英文化的退却与生活世界的无序

　　10 月 24 日，周五，下午去定王台书市，我直接去一家名叫岳麓书社的小书店门面，这是一家学术书相对齐全、很有品位的书店，由于经常来，因此很熟悉。可这次转了一圈，也没看见。一打听，原来书店已经关闭了，我不禁大失所望。我只好扫兴出来，想转到图书城。一路从各种纷杂的书摊前穿过，看到的主要是四类书：公务员报考、考研、教辅资料、大众流行书籍。我不禁感慨，偌大个定王台图书市场，竟没有一家真正有品位的书摊。

　　于是我又来到了图书城，作为全省新华书店中最大的一个店面，一眼望去，琳琅满目的书真多，看得人眼花缭乱。但却同样是以流行读物、党建读物、少儿读物为主。我在几个小小的社科柜前，翻找了半天，找到了几本，很快付账出来，怯生生的。

　　我一直认为长沙是一个极度世俗化的城市，娱乐文化几乎成了长沙文化的核心，但一直还是有着精英文化的市场。近年来，从原来知名的世界名著书店倒闭，到弘道书店对精英图书品类的压缩，为数不多的几家有学术品位的书店纷纷倒闭或转行。没有想到，在图书市场上可怜的一点点精英文化的存在，在以如此快的速度退去，而且一下子退得一干二净。这与一个以湖湘文化著称的泱泱大省极不相称。这实际上表明，我们的整个文化市场极不成熟，确切的说是文化市场没有社会责任感，缺少社会担当。

从书店出来，已经五点多，当车子刚上橘子洲大桥时，我感觉上桥的过程就像是打仗，特别当五一路的车与上桥来的车并道合流的时候，整个路况完全处于一种无序的状态。我突然感觉到，生活世界的无序化只不过是我们精神世界堕落的一种表征。我们已经失去了高贵精神文化的引领，每个人都急于在世俗世界之中扩大自己的利益。这个世界自然就成了霍布斯所说的人对人的战争。这就是我们今天的真实生活状态。精英文化的整体退场，意味着精神生活世界的扁平化，精神世界已经失去了内在的秩序。

忽然想起柏拉图的哲人王理念，即以哲学纠正现实政治的方向，其实是非常有必要的。这个"王"一定要懂得世界之本源，国家之本质的道理，这其实是一个多么关键的问题！隔着遥远的时空，我们有谁能听见他智慧的声音？

日常生活的泛审美化与个体精神的侏儒化

春节出门，忘了带阅读的书，找到一本于丹讲《庄子》的书，聊以解闷。

于丹的书确实还是有些意思，语言很平易，不乏优美的语言和大量的时髦故事杂糅在一起，读来虽不算满口雨香，倒也像一杯冬天的热饮料，把遥远而玄奥的庄子简化成适合现代生活的哲理故事，给人几分亲切。一看书的版权页上的印数，让人吃惊，第 3 次印刷就从 1200000 升到 1700000，不由得让人对于丹平添几分敬意。

当然，于丹很清楚自己，她其实并不是讲庄子本身，而是讲她自己心中的庄子，说白了，就是拿庄子来说事儿。所以，她所需要顾及的并不是庄子本身的奥义，而是要借着庄子的大名，来说她心中的现代生活哲理，也可以说是借庄子来布道。

可惜庄子并非教主，而是精神世界中沉默而孤独的斗士。庄子置身于一个战乱频繁、天下纷争、民不聊生的时代，置身在一个权力纠结、自由不得、人心晦暗的时代，高蹈人世的庄子把外在的黑暗转化成内心对自由的向往，以人格的卓然立于天地之间而冷静地面对周遭密布的恶。他把对人世的喜怒哀乐都埋藏在奇谲的故事背后，越过历史时空，向遥远的人们传达他对这个世界的诉说。

庄子总是用各种常人匪夷所思的故事来阐述自己的心思，其中最重要的原因有二：一是"乘物以游心"，跳出日常生活世界，全然用各种自然世界的，甚至是自己依托自然世界构想出来的接近自然的意向说理，无非就是要刺激人们把心灵从当下生活世界中超越出来，使心灵自由遨游于天地之间，"独与天地精神相往来"。二是因为他深知他的文字会遭遇各种强权的宰制，所以刻意躲避文章可能遭遇的禁闭、删改，从而把自己的胸臆掩藏起来，只写给明眼人看，普通人看了不过是好玩而已，也不至于胡乱拿来批判一顿。换言之，庄子非常清楚，他的文字就不是写给一般人看的，或者说不是写给那些沉迷在当下生活世界中的人看的，他是要为这个龌龊横生的世界留下一道孤独的精神的亮光。

可怜的于丹为了把原本说给少数人听的故事浅白地讲给大多数人听，竟然把无限忧思的庄子解读成了今日大资小资们优越生活之余的心灵鸡汤，劝导大家如何把心思放宽，恬然地享受当下生活的美好与舒适，把对外在世界的关怀全然退缩在个人内心的自我审美化愉悦之中，麻痹个人对外在世界、对庄子所控诉的世界的感受，简直就是离庄子的本意万里，或者在基本精神向度上就是背道而驰。

庄子原本是把人从权力、欲望中超越出来，精致的于丹讲演却全然是向有钱有权的人物献媚，让他们舒适地赚钱、安心地使权，在人生的拼搏中保持宁静的内心。庄子原本其实是要拒绝现实生活之中的泛审美化，从而对抗个体精神的侏儒化，而今日的于丹恰恰走的就是个体日常生活的审美化与沉浸于狭小日常生活空间的个体精神的矮化。庄子九泉有知，岂不心戚戚也？

乡愁意识、还乡情怀与经典教育

一、自我存在的表浅化

我们的肉身寓于现象世界之中，但我们的人格却是在理想世界之中完成的。现象世界中的我们，人与人的差别是很小的，每个人遭遇的生活空间相去无几，但有的人却能在理想世界中找到自我。正是理想世界中完整自我的建立，使个体自己在纷繁的现实生活中而不迷失自我，不随波逐流。如若一个人的人格全然建立在现象世界之中，他(她)就没有可能把自己从现象世界之中超拔出来，个体人格实际上就会受制于现象世界之中的点点变动，而难以表现出相对于现象世界的独立性，个体人格实际上就没有真正建立起来。

在今天的社会中，人的主体性人格的确立其实是很难的，金钱、时尚极大地腐蚀着人的主体性。从内在而言，陷于享乐生活中的个体不思考，拒绝思考，不担当自我，这就是主体性内在丧失的根本原因。在这种背景下，个体不可避免地出现"怎么都行"的感觉，跟着感觉走，跟着情绪走，个体的生活就成了外在的潮流与个人情绪的结合，拒绝深度的思考，想什么就做什么，这就是今天我们人格发展遭遇的致命伤，这样是把自己沉溺在生活享乐之中。整个的世界我们都可视为与自己没有多大关系，我们也不愿意看到个人与他者世界的关联，我们更愿意看到的是自我享乐生活的可能性。这种生命姿态其实是非常危险的，一旦成为一种新的意识形态是很致命的，这是当前存在的一种困境。

这种困境表明，我们今天正在遭遇个体存在的基本问题之一就是个体存在根基的表浅化，个人就是在自我享乐的生活中敞开生命家园。在这里，生命家园是形而下的，形而下的家园是易变的、易受冲击的。如果一个人能在安乐窝里待一辈子，他就像一头猪过了一生，是一头快乐的猪，但一旦一个人从个人安乐窝中走出来，就马上陷于一种无家可归的境地，找不到生命的家园，找不到人生的寄托。

马家爵事件的出现并不是偶然，他没有自己在形而下的安乐空间，他没有在人际的温情间寄托生命，他同样没有建构出自己形而上的家园。对他而言，他的家园感是故乡和亲人，但故乡和亲人是遥远的，又处于不利的状况，他的家园感是破碎不堪的。家园感的丧失使马家爵的极端行为变得可能。马家爵这个事件表面上是极端违法事件，如果我们从理念世界中逻辑地去寻找这一事件的根源，其实就是生命家园感的丧失。个人的自我不足以担当自我，或者说，理性自我不足以担当情性的自我，而导致恶性随时爆发，怨恨在家园感丧失的情况下被无限放大。这个事件是个偶然的事件，但对马家爵本人而言有他的必然性；放到今天的时代中，也同样具有某种必然性。

二、直抵生命的乡愁

余光中的《乡愁》是一首在汉语圈中非常有名的诗歌：

小时候/乡愁是一枚小小的邮票/我在这头/母亲在那头//长大后/乡愁是一张窄窄的船票/我在这头/新娘在那头//后来啊/乡愁是一方矮矮的坟墓/我在外头 /母亲在里头//而现在/乡愁是一湾浅浅的海峡/我在这头/大陆在那头

诗中的乡愁意识一点点放大，由亲人到祖国，由欢乐到忧伤，渐行渐浓的乡愁意识逐渐弥散在作者个人现实的生命空间之中。其实不只是这首诗，余光中的许多充满忧伤的诗都弥散着一种莫名的乡愁。比如，《碧潭——载不动 许多愁》就是一首我更欣赏的、更有韵味的情诗：

十六柄桂桨敲碎青琉璃/几则罗曼史躲在阳伞下/我的，没带来的，我的罗曼史/在河的下游//如果碧潭再玻璃些/就可以照我忧伤的侧影/如果蚱蜢舟再蚱蜢些/我的忧伤就灭顶//八点半。吊桥还未醒/暑假刚开始，夏正年轻/大二女生的笑声在水上飞/飞来蜻蜓，飞去蜻蜓//飞来你。如果你栖在我船尾/这小舟该多轻/这双桨该忆起/谁是西施，谁是范蠡/那就划去太湖，划去洞庭/听唐朝的猿啼/划去潺潺的天河/看你濯发，在神话里//就覆舟。也是美丽的交通失事了/你在彼岸织你的锦/我在此岸弄我的笛/从上个七夕，到下个七夕

从当下而历史，从人间而天上，从现实而神话，李清照忧伤的蚱蜢舟、西施与范蠡的爱情经典，承载着唐诗宋词无数抒怀的太湖、洞庭，李白的猿啼，古典汉语世界中牛郎织女的神话，这就是余光中美丽爱情的世界。在这里，余光中所深深寄托的爱与其说是现实的女子，不如说是一种想象中的、美丽的古典汉语文化，是在文化流浪中的个体对古典民族文化的真情向往。这是一首典型的余光中的诗，伤情而唯美。余光中的诗特别注意与古典汉语诗歌文化的接壤，注意语言的锤炼，在其中传达一种淡淡伤感的唯美主义。余光中自己曾说，"我慢慢意识到，我的乡愁应该是对包括地理、历史和文化在内的整个中国的眷恋"。他的乡愁更多的是文化上的无根之感与漂泊无定，对余光中而言，他于是在对汉语言的诗情守望之中，在对古典诗歌与文化的仰望之中，来寻找妥帖地安顿个体心灵的家园，不断扩大的乡愁意识成为余光中生命姿态的基本质地。

如果说，余光中传达的是一种文化的乡愁，那么三毛的《橄榄树》传达的则是另一种乡愁：

> 不要问我从哪里来/我的故乡在远方/为什么流浪/流浪远方　流浪//为了天空飞翔的小鸟/为了山间清流的小溪/为了宽阔的草原/流浪远方　流浪/还有　还有/为了梦中的橄榄树　橄榄树//不要问我从哪里来/我的故乡在远方/为了天空飞翔的小鸟/为了山间清流的小溪/为了宽阔的草原/流浪远方　流浪/还有　还有/为了梦中的橄榄树　橄榄树//不要问我从哪里来/我的故乡在远方/为什么流浪远方/为了我梦中的橄榄树

这首歌词显然比之于余光中的诗歌，在诗味上要逊色不少。但这首歌如此长久地为人所传唱，会唱歌的中青年几乎没有不会的。个中原因何在？正在于这首歌传达了另一种普遍的乡愁意识。很简单的歌词和曲调，一唱三叹，"为什么流浪远方"。仔细思考，其中有三重意思：(1)歌词一开始就表明"不要问我从哪里来，我的故乡在远方"，这是一种遥望故乡而不得归的惆怅；(2)为什么流浪，"为了天空飞翔的小鸟"，这是自由；"为了山间清澈的小溪"，这是自然；"为了宽阔的草原"，这就是生命宽广漫游的家园；(3)"为了梦中的橄榄树"，橄榄树而在梦中，是永远只可想而不可达到的。这里传达的是一种面对心中自然、自由、宽广而美好的家园所发生的令人绝望的乡愁意识，故乡就像梦中的橄榄树，只能在向往之中，花开，花落。三毛写这首词就传达了她的命运，注定浪迹天涯，梦魂漂泊，即使身体回到故乡，你的漂泊依然是无法改变的，因为故乡无法安顿你的心灵，物虽是而人已非。

在这里，故乡显然"不止于一块特定的土地，而是一种辽阔无比的心情，不受空间和时间的限制"。如果说生活优越的余光中先生的乡愁是一种文化的乡愁，浪迹天涯、寻找心灵之家的三毛传达的是一种生命的乡愁。由于三毛又是时代之中的一员，她的乡愁感不仅属于她个人的，同时是属于这个时代，属于我们每个人的，是直抵我们每个人生命深处的乡愁。正因如此，所谓借酒消愁，借他人之酒杯，浇胸中之块垒，三毛的抒怀终于成为众人乡愁意识的普遍的抒怀。

如果说余光中的乡愁是伤感的，是"似曾相识花落去、无可奈何燕归来"，是一种在现实生活中不乏优越感的乡愁，那么三毛的乡愁则是绝望的，是只能在梦中怀想、在理念世界中仰望，却永远也不可能抵达的乡愁。思念故乡，又回不去故乡，即使真的回到故土，也不能停止心的流浪，只能在仰望中怀想故乡。

三、家园感的破碎

问题在于，现代人普遍的乡愁意识从何而来？乡者，故乡也，故乡就是一个人出发的地方，就是孕育一个人初始的生命的地方。乡愁意识也就是一个人从故乡出发、走进他乡，又回不去故乡，只能在仰望中怀想故乡的情怀。追问乡愁意识，首先要问的，就是我们究竟从何处来？我们的生命与精神的出发点在哪里？对初始的回溯是寻找我们精神起点的基本路径。

个体的发展史就是人类发展史的复演，追问个体的乡愁就是回到人类的最初。人类的最初，毫无疑问，就是——也只能是一个词：自然。人类原本就是从自然中来，从自然状态之中来。自然不仅是人类生命的基础，而且是人的精神的基础，人类的精神生命同样发育于自然，就是自然赋予的。这里的自然不是我们今天讲的物化的自然，而是海德格尔所讲的天、地、人、神四重奏的自然，这可以从今天不发达的具有原始意味的群落的生存方式中可以看出。原初的自然是个包容性的概念，是一个神、人与自然共在的空间，是天、地、人、神的一体化。换言之，人类生命与精神的摇篮就是天、地、神所敞开的空间。自然本身就是物质与精神的统一体，自然之物养育人的身体，自然之魅给予人以精神的滋养。大地养育了人的身体，天空开启人的心灵，神性的归依唤起人的安居的家园感。大地给人以厚实，天空给人以开阔，神性给人以温暖。所谓家园就是身心的家，是身心和谐安居的地方。

　　人类的发生原本就是始于天地之间人与神的共在，真正的安居就是安居在天、地、人、神之中。人正是在脚踏大地、仰望天空、揣度神性的过程中，在天、地、人、神四重奏之中，获得生命诗意的安居。这可以从人类对祭祀活动的重视中可见一斑，祭祀是人类最基本的活动，甚至是人类最根本的活动。在祭祀中，人类对神灵、先祖的呼告，实际上是人类面对无限求自身安顿的基本方式。现代性的开启，人类靠自己的力量赢得了越来越多的自由。随着人类的理智的过度启蒙，自然祛除迷魅，自然之物与自然之魅分离，自然破碎化。当自然在人类理智的审视中物化，自然就不再作为呵护人的生命的整体性存在，越来越自立、自强的现代人开始脱离自然母体的怀抱，而放逐于先导性所开启的理性化、物化的生命空间中。

在我们越来越多地获得了人类比之于自然的独立的同时，个体精神的破碎与虚无随之而来，日渐远去的自然终于只能成为我们心中的遥不可及的故乡，我们终于只能生存于破碎之中。原初的作为人类生命母体的自然，就只能成为我们行走在现代性路途中的一种仰望。置身现代生活之中，回望原初的生命之家，被现代性所围裹的我们注定无法回到故乡，故乡就成了形而上的仰望，乡愁意识就成为了现代人的普遍意识。这种乡愁意识既是形而下的，我们今天遭遇的越来越严重、甚至可以说是难以缓解的生态危机。实际上就是我们产生乡愁意识的重要原因；又是形而上的，心理问题越来越严重，心态危机一点也不逊色于生态危机；与其说是形而下的，不如说是形而上的，生态危机的根本出路在于我们的生存方式，而我们的生存方式的根本无疑是心灵生活的方式。

海德格尔说过一个词，"被抛"。我们降生到这个世界，本身就意味着我们"被抛"到现代性的境遇之中，我们早已被放逐在以人为中心的理性化所开启的现代性的路途之上。在这一点上，我们无法选择，还乡于是成为一种心灵恒久的渴望。我们无法回到原初的自然，回到自然对生命的整体呵护以及我们对自然的依恋，我们必须在乡愁之中艰难地担当自我。

四、找寻心灵的故乡

海德格尔曾在《诗、语言、思》中提到这样解释现代人无家可归的困境："在我们这个匮乏的时代，安居的状态是什么样子呢？

关于住房紧张的议论所在皆是……但住房紧张无论有多么严重紧迫，无论多么有害或多么有威胁，都不是安居的真正困境，因为安居的真正困境决不在于单纯的住房紧张。确切地说，安居的真正困境，先于世界大战给人类带来的毁灭性灾难，也先于地球上的人口膨胀以及产业工人的生存困难。真正的安居的困境在于凡人一再地追求安居的本质，在于他们必须事先学会安居。如果人的无家可归正在于此，那么，人为何仍旧不把他安居的真正困境当作困境来思呢？一旦人致思于他的无家可归，这就不再是不幸之事了。只要好好去思并铭记于心，它将会成为唯一的召唤，召唤人们进入他的安居。"

我们在越来越便利的现代生活中更容易找到的是快乐，而不是幸福，如果说幸福是关乎个体精神性的事件，那么快乐更多的是关乎肉身性的存在。而且，幸福本身只是生存的表象，是适意生存状态的表征，是目标。如果我们把幸福寄托在纷繁的现象世界之中，则很难找到真正的幸福。正因如此，在今天，如何充分地思及安居的问题，寻找回乡之路其实是比找幸福更基本的问题。回乡之路究竟在何方？当天、地、人、神四重奏的原初自然日渐远去，自然成为我们遥远的仰望，回乡之路就变得艰难。实际上我们已不可能回到故乡，我们注定只能怀着乡愁寻找故乡。

自然有两层意义，一是作为人类初始出发点的自然，天、地、人、神的四重奏的自然；二是作为个体生命出发点的自然，即个体生命的开端。所以，回乡之路，一是向人类出发的地方的回返，一是向个体出发的地方的回返；一是回顾人类的童年，一是回顾个体的童年。这种返乡是一种精神的返乡，也是一种生命姿态的返乡，我们的回乡之路就是在日益理性化、技术化、物化的时代中，敞开人类的、个体的原初生命精神的路径。

首先是重建我们的自然观，重新培育我们对自然的温情与敬意，自然才是我们永远的家。我们现在说的对自然充满温情与敬意并不是一般性的爱护自然，我们通常讲的爱护自然包括环保主义者的自然观，许多时候，爱自然只是一种功用化地爱自然，只是因为自然对我们有用，破坏自然直接威胁到我们当下的生存，所以我们才要保护自然，爱自然。很显然，这里自然是物化的自然，而不是作为生命统一体的自然，必须重建人与自然的原初的关系，超越功用化的、物化的自然，激活作为生命始基与生命家园感的自然观，同时也激活我们自身人、神与自然共在的个体生命观，从根本上培育我们对自然的温情与敬意。这是回乡的第一层含义。

自然的第二层含义是作为个体生命开端的自然，所谓的复归婴儿，一种生命的自然本真的状态，人类生命精神的摇篮。所以，回乡的第二条基本路径就是通过认识个体生命的初始，来认识自我生命的内在自然，用生命的自然来校正当下生命状态的异在，在自我生命的内部找寻生命的家园感，最根本的就是对自我生命本真的认识与复归。回乡不仅是向外寻找，更重要的是向内寻找，最根本就是对自我生命本真的复归，回复自我生命的内在自然。这实际上是我们对抗日益理性化、技术化、习惯化以及身处钢筋水泥物化的丛林之中，重新认识生命本原的最重要的路径。

就个人生命的发展史而言，原初生命的淳朴以及个体与母亲的亲密联系就构成最初生命的诗意的家园，童年不仅是形而下的，更是形而上的。童年是培养个体生命家园感的基础，童年直接地成了个体人生的精神之家，于是童年所开启的个体生命世界，成为个体一生不断回望的出发点，与不断回溯的精神家园。在这个意义上，保卫童年就是保卫个体生命的精神之家。

显然，我们这里所说的"回乡"，并不是时间意义上的回到文明的初始，不是历史意义上的绝圣弃智。当人类脱离了自然母体的怀抱，我们就注定无法重归自然，重新回到文明出发的地方。所谓的"回乡"，乃是空间意义上，是让文明的初始与作为生命母体的自然切入我们当下的生存结构之中，扩展生命与自然之间的生动活泼的联系，激活日渐物化的生命状态，丰盈当下生命存在的境遇，恢复个体生命的沛然生气。

五、教育中回乡路的阻隔

教育原本就意味着把个体带入天、地、人、神共在的空间之中，在认识外在自然的同时，获得自我生命本真的认识，并把这种认识转变为个体存在，知识转化成德性，促成个体在神、人相依的自然之中诗意生存。随着社会的现代化，教育自身也成为社会现代转向的基础，教育不再关心个体回归自然之路，转而关注的是个体在外在社会世界中的实现，关注个体在现实中的力量的丰盈，由此而导致个体存在的虚空化。

当下教育中回乡之路的阻碍主要有三个方面：（1）功利主义的教育观，塑造了个体功利化的生命姿态，不知不觉就把生命置于其中，失去了从容选择的可能，功利主义的人生观很早就在我们的生命中一点一点地留下；（2）技术化的教育，大大缩减了个体在教育中心灵敞开的空间，缩减了自由陶冶的可能性。人本身就被当成了物，人一旦物化，精神空间就大大缩减，技术主义教育观对教育的危害是非常大的，使我们思维只停留在现象世界中；（3）自然本身的物化、知识化，自然本身的意蕴在教育中不断消解，加深了人与自然中的阻隔，从小开始，自然就一点一点疏离了我们的世界，或者说我们不断成长的生命一点一点地疏离了自然，导致个体与自然之间的隔离。这三个方面综合起来，导致我们的教育越来越多地停留在可见的现实世界之中，更多的是一种对世俗生活的适应，而没有对理念的形而上世界的关注。换言之，我们的教育并没有给精神与心灵世界寻找家园，而只是提高了身体在现实生活中的适应力量。

我们今天的教育，就整体而言是形而下的，缺少了形而上的气质，由此而塑造出来的个体生命姿态就是更多地局限在世俗生活世界之中，没有办法真正地敞开自我，有着狭隘个人主义的生命姿态。这里的狭隘个人主义不仅是伦理意义上的，而且是整体生命意义上的，是存在层面的个人主义，是个体生命的自我封闭，是从生命个体出发的自我中心主义，外在的一切都不过是功用化的存在。实际上，这才是当下功利主义和技术主义教育导致的真正困境，它直接缩减了年青一代的生命空间，特别地缩减了他们的生命世界通向形上世界的窗口，使他们更多地停留在感性的、当下的、可见的生活世界之中，个人周遭的外在世界的缩减直接意味着个体心灵世界的缩减，这实际上也是我们今天对教育回归生活命题必须予以足够的警惕的最重要的原因。

教育关注幸福，但幸福并不是教育直接的指向，教育必须指向比幸福更基本的问题。教育的过程是个体向前发展的过程，是个体走出蒙昧，走向自立、自主的过程，与此同时，教育的过程又同时是一个不断回溯的过程，认识生命的本原，为个体人生寻找精神的家。所谓"看山是山"，到"看山不是山"，到"看山还是山"，其中就暗含着人生向前与回溯的两个基本过程：向前是提高个体现实、世俗生活的适应性；回溯是让个体在世俗生活的劳碌中寻找精神之家，认识并且依恋生命的本原。在这个意义上，知识就是美德，对个体生命本原的认识就是给个体生命找家，回乡成为一种基本的生命状态。实际上，这里才是海德格尔阐释荷尔德林诗歌的用意之所在："人充满劳绩，但还诗意地安居在这块大地之上。"劳作固然沉重，但劳作让人贴近大地，大地敞开人的生命存在的本原，正是对生命本原的守护，个体诗意的安居才得以可能。劳碌是向前，安居是向后，回到生命的本原，守住个体存在的诗意家园。

六、开启教育的返乡情怀

柏拉图说学习就是一种回忆，在这里，回忆有两个层次：一是向人类原初的经验回溯，二是领悟个体生命的本真。回忆其实就是让个体生命本有的东西显明，这种本有不仅是个体的，而且是人类的，是先于个体的。保卫童年，无疑是现代教育的基本要义，这里的童年是双重的，一是个体的童年，二是人类的童年。

所谓教育世界中的儿童本位、儿童立场，其实并不是一种成人世界的谦辞，不是一种成人世界之于儿童世界的优越感，这其中内含着教育的真谛，真正的教育就是激发、启迪，就是儿童自然、美好天性的引导与激活，内含在儿童世界之中的人性的自然与美好就是教育的起点与基础，是个体教育历程之中需要、也必须不断被回溯的生命内涵。正是在这个意义上，成人世界对儿童世界的切实的倾听、理解、发现，就是寻找教育的契机，更重要的是，在儿童自身的自然生命世界之中，经由教育，为个体逐渐敞开安顿自我人生的生命情怀。

北师大教育学院有一位到一所很小很小的乡村学校支教的女大学生，曾拍到一个让她感动的小女孩的天使般的笑脸。其实，这张照片可以说抓住了学校的本质，一所学校不管有多小，不管条件有多差，因为不时有孩子们天使般的笑，这就是一所真正的学校。学校教育的真谛就是要守住儿童自然、美好的天性，并让之得到充分的滋养与激励，而不是抑制、剥夺，教育的现代化追求是要更好地凸显学校存在的这一本质，而不是以物的现代化遮蔽了教育生活本身的现代化。我们需要改变儿童的教育环境，却尽量不改变他们的自然的童心，更要保护、促进、丰富童心世界。在这个意义上，我们去支教，受教育的是那些落后地区的孩子们，同时也是支教者，因为他们可以从那些并未被物的现代化所包围的孩子们身上，体验到那种原始、朴素而温暖的生命情怀。

美好童心就是美丽人生的基础，就是美丽人生所由之生的根基。我们甚至还可以从更高的意义上看，纳粹的大屠杀绝不仅仅是纳粹本身人性恶的极端表现，同样是人类无家可归的极端表现。这从《现代性与大屠杀》的分析中不难看出。如果从人类整体的高度来认识他们，认识到他们的恶与我们每个人息息相关的，其实每个人都可能是潜在的专制者、极权主义者。在这个意义上，他们是迷失了生命家园的人类成员，迷失了本心。一个理想的国家，或者说一个理想的人类，首先就建立在每个人的心中。

从人类童年的意义上而言，保护古典文化实际上是滋养当下人生命情怀的最重要的精神资源。加强古典教育，就是要强化今人与初民之间的精神联系，它的根本意义在于让我们回溯人类最初的生命精神，从而获得现代人最基本的生命滋养。这意味着我们需要重新考量神话、童话对于现代人、现代教育的意义，神话、童话并不是荒诞不经，神话与童话恰恰可能是原始初民生命精神的真实写照。经典教育则是要强化我们与人类历史上最伟大的心灵之间的联系，一部经典往往就代表了一个时代，甚至远远地超越了时代，经典之所以是经典，在于其穿越时空所呈现出来的恒久的生命意义。古典与经典教育，究其实质而言，就是要保持现代个体置身人类、民族历史之中永远的家园感。古典与经典教育的重要代表就是大学，大学必须有一种古典情怀。大学教育的古典情怀是：大学要守护经典，守护古典，因为世俗生活往往是趋向于功利的，而大学就应该适度的超越现实的功利，以古典情怀来守护我们生命的家园。

早在 1936 年上海良友图书印刷公司为沈从文出版习作选，沈从文在《代序》中说："我想造希腊小庙。""这神庙供奉的是'人性'。""我要表现的本是一种'人生的形式'，一种'优美，健康，自然，而又不悖乎人性的人生形式'。"美国汉学家金介甫先生在他的《凤凰之子——沈从文传》中认真分析了沈从文的创作思想，认为"沈从文不主张用政治术语来剖析中国社会，他在精神上把自己看作 19 世纪的人，却想救治 20 世纪积存下来的病症"。结合沈从文在 20 世纪 40 年代的创作思想和社会价值观，金介甫对沈从文作了这样的判断，"他认为中国 40 年代的嗜杀成性和物欲主义是现代道德堕落的表现，是世界文明的失败"。沈从文的"希腊小庙"就是要给迷失中的我们提供一个永久的可以回望的人性家园，这种家园既是自然的，或者说无悖于自然的，又是古典意味的。沈从文可以说是在为社会事功所缠绕的国人中最早、最敏锐地发现了置身现代性之中的国人的乡愁问题，并作出了自己唯美而伤情的回应。《边城》中的翠翠可以说直接续接了《红楼梦》中的林黛玉对女性的至真至美的称颂，而把自然、爱、美作为现代生命频频回望的家园。在这一点上，20 世纪的中国，无人能及。

偶然读到隋代的一首无名氏的《送别诗》：

> 杨柳青青着地垂，
> 杨花漫漫搅天飞；
> 柳条折尽花飞尽，
> 借问行人归不归？

也许，我们无力改变社会、改变时代，但我们可以改变自我，改变自我生命的姿态。教育的根本就在于开启美好的人性，把理想的城邦、理想的世界，建立在个体人心。是的，也许我们已逐渐地靠近了"柳条折尽花飞尽"的时候了，此时此刻，我们每个人都需要决断，置身现代性之中，归，还是不归？这是一个问题。

先人有言，亡羊补牢，未为晚也。

第三辑 注视大地上的事情

注视大地上的事情(一至十四)

注视大地上的事情之一：遥想儿时的青蛙

经常跟友人朋友们谈起，小时候乡里的青蛙真多，夏夜里在屋前坪乘凉时，不时有青蛙从脚边跳过。又说起小时候家里穷，没什么东西吃，肉食吃得非常少，一年难得几次。爱人忽然问我，为什么不吃青蛙？

是啊，为什么不吃青蛙？其实，这个问题根本不用思索，因为那时根本就没有想到要吃青蛙，我也没有看到哪个邻居吃青蛙。尽管大量的青蛙每天都在眼皮底下自由地来去，但在村民社会之中，青蛙似乎就是千百年来自然地存在于乡村社会之中，做青蛙们自己该做的事情，吃吃害虫，蛙声一片构成乡村社会的独特风景。

不吃青蛙，实际上是那时候村民社会的集体无意识。我们不能想我们不能想到的事情，脑子里面根本就没有这个意识，吃青蛙就无从谈起，当然也可能有个别越轨之人，但至少吃青蛙的理念从未进入儿时的我的生命世界之中。

遗憾的是，这个理念后来就一点点转变了。转变的缘起大约是80年代中期，随着经济大潮的到来，有见识的乡里人知道城里有人把青蛙当成美味，马上就有人开始收购贩卖青蛙。于是，乡村蛙声一片的夜晚，潜藏着的不再是优美的乡村音乐，而是一个个村民，一手拿电筒，一手拿蛇皮袋，脚穿深雨靴，在每个角落寻找着成年青蛙的足迹，青蛙开始源源不断地成为乡村外面世界餐桌上的佳肴。

晚上的青蛙非常老实无助，没有任何抵抗的能力，只要手电筒照着它们，青蛙们就只有乖乖地等待被捉住。我第一次吃青蛙，应该是在1987年左右，到老家的乡中学教书。一位我初中时的老师喊我一起，我帮他提袋子，到乡中学旁边的稻田里抓了一斤多，第二天几个同事一起吃了一餐。

仔细想来，正是城市对乡村社会需求的功用化以及乡村社会知识人的自我放弃，导致乡村生活世界的祛魅化，从而使得千百年为乡村社会执守的文化理念在功用化的冲击中迅速瓦解，青蛙从此不再作为乡村社会的友好成员而成为一种美味的期待。一旦青蛙已经在人们的观念中产生了好吃的观念，再提保护青蛙就只能是有气而无力的空喊，特别地，在乡村社会根本不足以堂皇地进入市场经济的竞争之中，只能凭借有限地资源而获得一小杯羹之时，青蛙不可避免地成为乡村社会进入市场的弱小砝码。

早几年，茅于轼先生从经济学的视角撰写了《中国人的道德前景》，由于提出道德是利益的博弈，完成对中国传统理想主义伦理的反对，一时洛阳纸贵。其实，作为经济学家的茅先生只看到了问题的一个方面，即道德不能无视现实的生活需要，但博弈本身却并不足以建构个体内心的道德法则，而只能建构社会交往的外在准则。他的文章的意义只在于对统伦理的启蒙，却并没有触及当下的个体道德究竟如何建构的问题。

道德需要理智的博弈，但个体道德绝不仅仅是理智的产物，道德的根基来自敬畏，在物化的世界中其实是不可能找到道德的稳定根基。一个彻底的唯物主义者，可能是一个高尚行事的人，同样也可能是一个无恶不做的人，因为在他们的内心之中，没有丝毫敬畏。

据说，非洲有一个民族，认为穿山甲既有鳞又有爪，无法归类，更奇特的是见了人不逃跑，而是蜷成一团，好像害羞，被视作神性，所以绝对不吃。在世界普遍祛魅化的今天，在我们的周围越来越多地失去对生命、自然、世界的敬畏的今天，道德的神性根基霍然消解，个体道德的理性重建如何可能？

我听到了智者的声音："有两样东西，我们愈经常愈持久地加以思索，它们就愈使心灵充满日新月异、有加无已的景仰和敬畏：在我之上的星空和居我心中的道德法则。"是的，在我们肉身之眼牢牢地系于这个日渐为利欲所占据的世界之时，我们需要敞开心的眼睛，去眺望高居于日常生活，高居于人类之上的宇宙自然，聆听造化之脉搏，触摸我们心中一息尚存的道德法则。

哲人有云，知识要为信仰留出余地。这对于自私与自负无限膨胀的周遭世界而言，无疑是一种旷世的呼告。

注视大地上的事情之二：笼中的鸟

早上去岳麓山上爬山，爬到中间 73 军阵亡将士纪念碑那里，看到一个玩鸟的老人，老人在逗着笼子里的鸽子，嘴里说着"快出来""给你放放风"之类的话，又喂鸽子了一点吃的东西。喊了几次，那鸽子还是没有飞出来，在门口徘徊了一阵，老人又把门关上了。

一只鸟，当它的自由被剥夺太久，它就已经不再适应自由飞翔的生活。置身深度体制化的社会之中，我们的命运又比一只笼子里的鸟的命运好多少？

注视大地上的事情之三：大地上的亭子

早上和小勇去爬山，从 73 军阵亡将士墓横过来，到景德楼后山，这里有一个亭子。小勇问我，亭子叫什么名字。我说，是归宿亭，"归"是老字"帰"。

忽然想起，在中国大地上，不知有多少个亭子，如大家耳熟能详的"醉翁亭""陶然亭"等。但就岳麓山这附近而言，就有湖大东方红广场那里的自卑亭，告诫人们"登山必自卑"，登山需要怀着一种自卑于自然之伟岸与神秘的情感；上山就有著名的爱晚亭，取意"停车坐爱枫林晚"，在幽静之中去亲近自然，把自我同化于自然造化之中，获得个体生命的净化与升华。

仔细想来，这些先人留在大地上的亭子，无非就是要让我们在歇下脚来安顿自己的身子的同时，妥帖地安顿好自己的心，安顿自己的灵魂。

大地上的事情之四：沙滩上的脚印

去烟台龙口讲课，就住在海边的月亮湾。下午四点来钟，十来个学员邀我一起去海边玩。海边游玩的人特别多，我也早早地脱了皮鞋，赤脚踩在松软的沙滩上。

看着海水一波波冲过来，又退回去，把我们刚踩的脚印抹去，留下干净、柔软的沙面，一次又一次地任人踩踏，又重新抹去。好像是在跟人们没完没了地游戏。

是的，有谁能在沙滩上留下永远的印痕啊？只有我们能把大海的印象留在脑海里，而大海，则任由岸上的人们来去匆匆。

这大海难道不就是历史？不就是浩瀚的时间与空间？而我们，终究只是偶尔路过的匆匆过客啊，注定留不下一丝印痕，只能把美好与伤怀，一丝丝地留在我们孱弱的心底，去温暖岁月深处一缕淡淡的记忆。

注视大地上的事情之五：寻找家乡

傍晚，和业进一起去河边散步聊天，聊到家乡问题，感觉颇有些新意。

一般说来，乡里走出来的人比城里长大的人，更有一种家乡感。因为乡村的变化相对较小，所以，伴随一个人成长的山水人物基本上清晰而完整地保留在个人以后的岁月之中。在某种意义上，一个人的故乡就是一个人的生命内涵，个人的生命就是在和家乡中山水人物的交往中一点一滴生成的。而城里长大的人，由于个人周遭的城市人与物的变化太大，在成长过程中很难留下相对稳定的物的痕迹，即使曾经有，当我们回首的时候，也会因为当下的变化而难以找到，或者过去的痕迹早已经失去了生命的温度。

不仅如此，长在乡里的孩子一生下来，往往就直接面对着自然，文明的起点很低，更容易在无遮拦的交往中获得带有某种原始性的生命温情。而城里长大的孩子往往一出生就进入一个文明程度相对较高的背景之中，所以个体生命的起始点是较高的，个体生命的发展也就不能直接凭借原始性的交往而获得发展，往往一开始就直接进入文明的设计与理性的教化之中。所以，乡村孩子成长的过程更带原始性、生命性，而城里孩子的成长更带设计性与教化性。

换言之，乡村长大的孩子更接近生命的始点，所以更淳朴，生命本身的生存能力更强，更接近自然；而城里长大的孩子更接近现代文明，所以更具现实生活的适应性，或者说现代生活的适应性。

如果说，被放逐在现代性之中的个人需要一种还乡意识，那么，乡里长大的人可能更接近故乡，更容易找到故乡。而城里长大的成人可能还乡意识更弱，因为他们可以在现代社会的适应中消解还乡的焦虑。

注视大地上的事情之六：73 军阵亡将士墓随想

早早地起来去爬山。从共青园往里走，登上百余台阶，就是73 军抗战阵亡将士公墓了。

无数次徘徊墓前，无数次感慨嘘唏。在抗日战争中，73 军是国民党正面战场的一支主力部队。三次"长沙会战"、常德保卫战以及"长衡会战"中，其与日军在长沙一带展开了"一寸河山一寸血"的殊死战斗，该军所属暂编第 5 师师长彭士量及将士，第77 师、193 师、50 师及军司令部直属部队众多官兵壮烈殉国。抗日战争胜利后，1946 年 4 月湖南各界人士为 73 军阵亡将士建了这个公墓，供奉阵亡将士的遗骨，用将士们为国捐躯的浩然正气永远昭示后人。

墓前有程潜将军的题词："誓死卫国家，以诏来者；壮气塞天地，是曰浩然。"当历史的烟云远远地散去，呈现在我们面前的就是一个一个真实的生命，是我们民族的儿女，是一个一个大写的人，英勇地站立在天地之间。

公墓两侧的石拱门上，一边题着"蹈仁"，一边题着"履义"。"生亦我所欲也，义亦我所欲也；二者不可得兼，舍生而取义者也"。人活在世界上，确实有那么一些东西是高于生命本身，或者说高于苟活的生命本身。换言之，正是高于生命本身的价值，让我们活得更有意义，更像一个人。

夸父逐日、精卫填海、愚公移山，那遥远的神话所昭示出来的一种知其不可为而为之的精神气概，是绵延于历史之中的我们民族精神的灵魂。正是凭借这种精神气概，我们的民族历经无数苦难，却生生不息。

我常常思考战争的意义，撇开战争所不可避免的灾难，战争确实也能成就人，让懦夫变成勇士，让普通人超越庸凡，在浩气之中走向人性的卓越。而恰恰是没有节制的享乐，让人沉溺其中，人格矮化。我这样说，并不是美化战争与革命，我不主张革命作为社会进步的动力，只是我们必须更细致地反思，曾经的革命对于今天的意义，特别是战争中的个人所显现出来的人格价值。

在这一点上，我们不能不佩服 20 世纪的两个伟人，一是毛泽东，他早早地就预料到，战争是打不倒我们的，只有糖衣炮弹能打败我们；一是鲁迅："从生活窘迫过来的人，一到了有钱，容易变成两种情形：一种是理想的是替处同一境遇的人着想，便成为人道主义；一种是什么都是自己挣起来，从前的遭遇，使他觉得什么都是冷酷，便流为个人主义。我们中国人大概是变成个人主义者多。"社会发展的目标也无非是为了人的美好生活。但人是有格的，或者说人是需要有格的。我们不能止于柏拉图所说的"猪的城邦"的生活。人当然要为自己而活着，但人又不能只为自己而活着，人必须从自我中超越出来。

每每想到这一点，我不由得把眼光投向天空与大地，投向天空深处隐秘的，指向人世的某种神圣的期待，投向大地上留下的那些杰出的英灵，他们在无言与静穆之中指引着在世的人们，让我们抬起头来，走向人之为人的存在。

此时此刻，站立墓前，放眼四望，有多少人正在一己私欲之中摸爬滚打，又有多少人在心中还挂记着这一方静谧的土地啊？

注视大地上的事情之七：整体搬迁的学校

要说我们的社会不重视教育，那是假的；要说我们的社会真的重视教育，说白一点，如教育自身所需要的那种方式重视教育，那也是假的。

这两天到衡阳的一所中学讲课，走进这所十年前整体搬迁过来的新学校，心中有一种说不出的感受。其实，这几年，我看到的新学校也有不少。整体感觉是漂亮，或者现代。除此，我实在想不出更好的词来形容时下整体搬迁的新学校。

整体搬迁的学校好处就是一切重来，可以按照主事者们的想法整体布局，科学规划。但世界上有些东西是规划、设计不出来的，这就是学校自身历史的沉淀。当然，历史虽然也可以仿照，就好比仿古的钱币。但模仿总是模仿，那古钱币中所保含的历史沧桑是无法仿制的。

缺少了学校历史的沉淀，学校空间展示出来的精神气象，虽然现代，却难免浮华。也难怪，在偌大个中国，今天哪里还能找到几张平静的书桌？人心浮躁成为普遍的现象，学校建筑空间的浮躁不过是情理之中的小 case 而已。只是，人心就像飞翔的鸟儿，飞得再高，也还是要归巢啊。我们在不断地亮化我们的眼球的同时，拿什么来安顿、呵护我们的心灵世界？

注视大地上的事情之八：思想的志业

前天跟武汉的好友天平发短信，朋友说起评教授职称中的一些遭遇，难免感慨。我后面给他发了一条短信："兄弟，这个世界其实并没有多少意思。"

这两天，心里老记着我写的这句话。这句话的影子来自曾经看到的沈从文留给这个世界的最后一句话，如果我没记错的话，沈先生应该是这样说的："对这个世界，我也没有什么可说的了。"这位一心要在汉语言之中建构希腊人性小庙的可爱的老头，留给这个世界的是沉默。

　　记得黑格尔曾经说，这个世界上只有一个人理解他。忘了这个人是谁，只记得他临死前又说了一句，这个世界没有一个人理解他。维特根斯坦有言，可以说的，我们就说；不能说的，只有保持沉默。这不能不让我们慨叹思想者的寂寞。

　　思想何以会成为寂寞的志业——是志业而不是职业，因为思想首先是心志的事业？

　　真正的智慧只有神才配拥有，人只能爱智慧，"爱智慧"由此而成为"哲学"一词的由来。思想所系的世界在这个可见的世界之上，真正的思者是对神的靠近。如果思想者的心中盛装着俗世的包袱，思想的羽翼就会因为沉重而无法高翔。而思者又恰恰是寄居在俗世的世界之中，思想的羽翼注定无法纯洁如玉，俗世的纠缠像寒冬的霜冻，阻遏着思想的翅膀，思者注定只能带着沉重的翅膀起飞。思者不满于世，却又无法真正如庄子的大鹏，走向不凡之境。思想的道路，于是充满了艰辛。

　　思者把目光系于遥远之地，思想之羽翼正是对神的世界的仰望。正因为思想的志业是对神的靠近，所以，真正的思想必然是严肃的，不是儿戏。

　　民众的眼睛紧盯着脚下之地，柏拉图所言的洞穴遮挡住了民众的眼睛，他们看不见，也不想看另一个世界的事情。思想的志业，注定是寂寞的。

注视大地上的事情之九：土地的价值

　　今天下午宁乡讲课回来，从县城往长沙过来的开发区路上，看到一座座美丽的小山正在削平，大片的土地迅速被开发起来，漂亮的厂房正成片地取代绿树成荫的山地。在为宁乡经济发展迅速感到惊叹的同时，也为我们的大地之上过热的经济发展与过快的城市扩张感到一种发自内心的不安与颤栗。

对于我们今天的社会而言，发展理当是时代的主题，我们需要通过发展来寻求社会问题的整体改善，谋求社会福利的整体提高，但问题在于，任何发展都是有代价的，我们需要审慎地考量，我们的发展所付出的代价是否可以尽量减小。未经人类染指的自然大地，本来就是一个和谐的生态圈，我们的开发不可避免地要破坏大地自然生态的平衡。所以，我们在开发的过程中就需要考虑怎么弥补生态的损害。可是，环顾一个个的厂房与楼盘，除了望不到边的钢筋水泥和依稀点缀的人工绿色，很难看到我们在急速开发的过程中对生态环境破坏的补救。风起云涌的城市化进程，站在自然大地的立场来看，不过是一场场粗鄙的闹剧，抑或是一场场无法回退的悲剧。

山川大地，是大自然亿万年的产物，绿树草木所代表的大地即使不为人使用，它的存在本身也自具价值，一种纯属于自然的价值。而今天，在发展与开发的热潮之中，我们早没有了耐心，去细细考究大地自身的价值，大地在我们的眼里呈现出来的完全是使用价值，即站在眼下我们自身的利益圈里去考量、评判土地的价值。大地作为精神与生命的根基之价值于是急速地走向沉沦与隐匿，在我们的纵欲与狂欢中隐而不现。

当城市就像一个巨大的怪兽，大肆吞噬着优美的自然的时候，我们看到的是当下的胜利，看不到大地微弱的呻吟与叹息。

可是，当一个又一个自然灾害频频发生时，我们的胜利又从何谈起？

注视大地上的事情之十：乡里伢子

8月25日，受朋友的邀请，第一次到宁乡县的一个乡镇去给老师们讲一次课。我到外面去讲课的次数也有不少，去乡里倒还是第一次。把任务接受下来时，确实心里很犹豫。犹豫的原因当然不是待遇问题，而是面对乡村学校的教师，我真不知道该讲些什么。乡村出身的我非常清楚地知道，自己的教育梦想在面对自己的父老乡亲时是多么的无力。

我的讲课是从自己的"乡里伢子"的身份讲起的。就我个人而言，二十余年的乡村生活经历，与乡村社会发生的各种千丝万缕的联系，实际上就成了我生命初始的基本内涵，不管其中遭遇如何，都是自己生命中难以割舍的部分。正因如此，我今天的人格与思想都与那方小小的乡土有着某种亲切而温暖的联系。我从来都不讳言自己的乡里伢子身份，无论身在何处，乡里伢子是我人生的永远的出发点。这种身份也不时的提醒自己，任何时候也不要忘了自己生命的根。

我们今天的乡村少年，成长中正在遭遇的一个重要的问题，就是身份意识的迷茫。他们在急速地融入这个日渐现代化的社会背景之中的同时，不知不觉中截断了与乡土的亲近联系，外在世界设计出来的文化围裹使他们失去了对乡村自然文化的充满血肉温情的联系，乡里伢子(妹子)的身份已经发生动摇，不再理所当然地作为他们生命的始基。他们身在乡土，却已经很难真正地融入乡土所代表的文化价值世界之中，他们对自然、淳朴的感受正一点点消逝，他们正在失去乡土的根。在这个意义上，我们在引导乡村少年积极融入以城市文化为主导的现代化之中的同时，还需要培植他们乡村生活的根，不管他们今后的人生路在何方，都能让乡村自然与文化给予他们年少时期的熏染成为他们生命之中重要的资源，从而使得他们人生的底蕴不至于亏空，启迪他们的文化与生存的自信。

记得初出农门时，父亲曾经说，如果今后到外面干不成了，回家来种田就是。现在想来，父亲的话，其实就是在给自己提示一个生命的可以回退的依靠，作为个人的我，乡村世界是我永远的出发点和可以依赖的家园。其实，不止是这样，作为群体的、乃至人类生活的一种生活样式，乡村生活原本就是我们现代生活的本源，人类的生活原本就是在自然之中展开的，我们今天的城市化和现代化不过是乡村生活世界中孕育出来的超越自然的生活样式而已。在这个意义上，乡村生活的印记，个体生命的乡土之根，乃是属于每个人的。这个"根"提示我们每个人，不管我们身在何种现代与奢华之中，我们生命初始的根其实就是自然的、接近土地的。

我们常说，忘记过去就意味着背叛。这种过去不仅仅是个人的，也是群体的，是类的初始。在这个意义上，我们每个人其实都应该珍视我们生命初始的家园。不管我们走出多远，"乡里伢子(妹子)"其实都是我们生命的根基，是我们生命的逻辑起点，是我们生命永远的出发点。

注视大地上的事情之十一：藏族歌舞

昨晚看某综艺节目，邀请的是著名舞蹈家、即将来长沙演出大型歌舞剧《藏迷》的杨丽萍和她的团队。不懂舞蹈的我，突然就被那独特的舞蹈场景所感染。从服装到音乐、到舞蹈动作，让我强烈地感受到一种神秘、生命的奔放、野性中的和谐与秩序，一下子把人从当下世俗生活的处境中拉扯出来。

在今日中国，藏族无疑是最富宗教情怀的民族之一。藏族的歌舞总是给人一种纯净的感觉，对身处俗世中的我们造成很强的心灵撞击。与此同时，杨丽萍挑选出来的这些歌舞演员，都是清一色的来自田间地头的民间艺人，他们的身上还大量地保留着来自民间厚土与藏族血脉之中的自然、质朴与淳厚，没有过多的文饰，这大大丰富了歌舞的原始的生命内涵与民族气息。

反观缺少宗教情怀的我们，随时看到听到的歌舞，跟藏族歌舞一对比，有一种明显的俗世情结，在大多数汉族的歌舞之中，由于长期以朴素唯物主义为底色的智性文明的教化，缺少向神秘开放的视角，使得歌舞更多地停留在人事之中，看不到超然的踪迹。不仅如此，自秦汉以来，处于儒家文化教化之中的民族个体，由于受这种礼仪文化的过度熏染，导致野性在个体生命秩序中的沦落，生命中与原始更接近的激情被过度文饰，慢慢地失去了血液中的奔放与豪情。孔子说"质胜文则野，文胜质则史，文质彬彬，然后君子"，实际上强大的伦常文化早已遮蔽了我们先人生命中的自然之"质"。随着以物质欲望合理化为中心的现代化的门槛大开，我们所遭遇的就完全是世俗化、欲望化的生活图景，与无所不在的迎合俗世化生活的文化形式。

时至今日，我们实际上越来越多地发现我们身处其中的文化之单薄与平庸。而没有完全被同一化的、来自少数民族的、民间的歌舞文化，为我们今天的生活世界提供了一份宝贵的资源与可鉴的明镜。

正因如此，我们今日，在单一的现代化洪流的裹挟之中，怎样保护民间，保护民间文化的多样性，充分发掘优秀的民族、民间文化资源，特别是其中的精神内涵，就成了我们今天重要的文化的、精神的、文明发展的重要的议题。

注视大地上的事情之十二：每个生命都是完整的世界

这两天在小区门口几次看到一位腿脚有些问题的女孩，走起路来有点一瘸一拐，就好像是在跳跃。偶尔看到她的脸色，没有什么特别，大抵是属于沉稳的那种。我心中有一个念头，一定是上帝让她以舞者的姿态来到这个世界上，所以用了小小的"阴谋"，让她时刻保持跳跃的生命姿态。

前天晚上看电视，怀化有位小女孩，11岁了还是5岁左右时的身体和姿态，说起话来楚楚动人。如果不知道她的年龄，丝毫看不出她是一个有病的小女孩。我突然想起，一定是上天让她永远活在5岁的童真之中，当别人老去，她还依然年轻。

也许人是世界上最脆弱的生命，但因为爱，因为梦想，每个人的生命都是上帝创造的奇迹。在这个意义上，不管身份、身形、年龄、性别、地域，每个人的生命都是一个完整的世界。心灵世界的完整性，与残疾无关。

我于是想起了孤女简爱那段精彩的表白。当罗切斯特为了试

104

探她而假意要娶某贵族小姐时，她愤怒地说：

"你以为，因为我穷，低贱，不美，矮小，我就没有灵魂没有心吗？你想错了！——我的灵魂跟你一样，我的心也跟你的完全一样！就如我们站在上帝跟前是平等的——因为我们是平等的！"

"你为什么和我讲这些？她和你与我有什么关系？你以为我贫穷，相貌平平就没有情感吗？我向你起誓，如果上帝赋予我财富和美貌，我会让你难以离开我，就像我现在难以离开你一样。可上帝没有这样安排。但我们的精神是平等的。就如你我走过坟墓，平等地站在上帝面前。"

注视大地上的事情之十三：那些陌生的人们

傍晚，我从校园里的马路走过，暮色如雾，迅速降临。

走在我前面的是一位卖豆腐脑的，每走几步，就招呼一声："豆腐脑啊！"我跟在后面，走了一大截，没有人买，那人就只有一直挑着担子往前走，走进越来越浓的深秋暮色中。我心里渐起买碗豆腐脑喝的念头，我逐渐加快步子，在篮球场边，我走到了他前面，跟他说来一碗豆腐脑。他放下担子，揭开桶盖。

突然，我听到一阵响亮的手机声从他身上传来。他连忙从腰间把手机取下，简单应答。因为是方言，我没听清楚。他几句就打完了电话，然后给我舀起了豆腐脑，又熟练地加了点白糖。我不大喜欢加糖，就连忙要他别放了。随即给了 1 块钱，喝起来。这时，旁边又来了位男生，他也拿出 10 块钱，买了一碗。

因为我原来在宿舍边买豆腐脑吃都是 5 毛钱一碗，我以为他会找我 5 毛钱，我就一直站在旁边。后面看他拿出一把钱来，找给那位男生 9 块钱，我知道他这里就是 1 块钱一碗，也不多问，随后就往前走了。

又无意中看见一个讨钱的老人从后面过来，走到一位女生前伸出手来。我没看见那女生是否给了钱，我在那里站了片刻，把手放到钱包处，想等待老人过来。不料老人往路的那边走了。我便把手收回，继续往前漫步。

是的，暮色中有无数陌生的同行人。我担心那位卖豆腐脑的人的生意，但我终究只是，也只能是他的一个顾客，充其量是一个不问价钱的顾客，他拥有他自己生活的喜乐；我同情那位讨钱的老人，但他并不知道我的同情，我的同情几乎无助于他存在的轨迹，充其量只有当我们偶然地迎面相遇，我给出同情中的一点小钱，带给他暮色苍茫中片刻的安慰。

我于是在手机上记下心中闪现的片语："在这个世界上，我所能改变的并不是他人和世界，唯有自己。"

马路上人来人往，多少陌生的人们擦肩而过。每个人都站在自己的地平线上，演绎属于自己的生命故事，谁也没有办法代替。

我走在人少的地方，唱起半熟的汪峰的歌，名字叫《怒放的生命》：

> 曾经多少次跌倒在路上/曾经多少次折断过翅膀/如今我已不再感到彷徨/我想超越这平凡的生活/我想要怒放的生命/就像飞翔在辽阔天空/就像穿行在无边的旷野/拥有挣脱一切的力量

曾经多少次失去了方向/曾经多少次扑灭了梦想/如今我已不再感到迷茫/我要我的生命得到解放/我想要怒放的生命/就像飞翔在辽阔天空/就像穿行在无边的旷野/拥有挣脱一切的力量/我想要怒放的生命/就像矗立在彩虹之巅/就像穿行璀璨的星河/拥有超越平凡的力量

注视大地上的事情之十四：何谓生命的尊严

昨天路过二里半时，见到的一个场景让我久久难以释怀：一位体面的中年人喝着一罐易拉罐饮料，正准备扔掉，正好另一位年纪稍大一点的中年人过来，他背着一个包，包里放着一些瓶子罐子，顺手去拿前面那人手中的易拉罐，不料旁边另一位收垃圾的老人一手就抢先把易拉罐从那人手里拿去了。随后，两人开始了争执，最终那个稍大的中年人只能骂骂咧咧地、遗憾地走开了。

这世界上原来还有那么些人，他们为了一个易拉罐而争执不休。我于是在想，我们今天究竟应该怎样去谈论生命的尊严、价值，谈论宏大的人文关怀？

心中有禁忌

看到曹专的"专注世界386"：

乡里96岁的老婆婆让我帮她把堂屋的风车换个方位，说之前的方向是年轻人搞错了，不吉利。风车头和风车把柄朝里才延年益寿，人财两旺。换好位置后她开心地给66岁的儿子点了一根烟，两人在老屋门口悠然地晒太阳。不管世界如何变化，不管时光中有多少纷纷扰扰，对生活和身边的人永远充满温情的眷恋，或许这就是长寿的一个重要原因吧。

心中有禁忌，内心不虚妄，人活得踏实，所以长寿！

学问让人活

2016 年 2 月 19 日晚，华东师范大学政治系青年学者江绪林自缢身亡，震动学界。我们今天谈论江绪林的自杀，并非不尊重他。相反，我内心十分敬重他。我是想简单谈谈他的学问与自杀的关系，以此来思考学问的意义。

学问本身并不是他们自杀的根本因素，首要的因素应该还是他们作为人的问题，也即内心的抑郁。学问思考不过强化了他们的抑郁症状而已。

学问的好应该能跟自我连接起来，人文学问的根本旨趣是为了人的幸福与尊严，人文学问首先应该能增进自身的幸福与尊严，增进自我生命的充实与美好。真正的好不仅是把事情做好，而且是让自己变好。

鲁迅曾说："革命是让人活，而非让人死的。"套用鲁迅的话，学问的根本旨趣是让人活，而且做学问的过程本身就应该让人活得更好，更自由而充实。

我们如何面对底层

从学院回来，走过正德超市，看见一个上了年纪的妇女，穿着打扮有些怪异，走路有些偏，脚是光着的，一双平底胶鞋，外边好像有些磨破了。我看见她在几个路人边上走来走去，没有人留意，除了我。我以为她是讨钱的，准备在她向我走过来时给她一点钱，但好像她也没有向人讨钱的意思。后面她往附小这边的坡走了，我也跟着走上去。很快就走过了我住的学校最好的一个小区门口，我进去了，于我无关的她走过了我的视线，只是在心里，我还有些记挂着。

她是谁？她向何处去？她是否需要别人的帮助？我是否可以帮助她？也许可以，也许我的帮助微不足道，我无力于改变人的命运，悲伤或者幸福，都不过是个人的命运而已。就这样，我怀揣着这样的想法走出了对那位陌生妇女的牵挂。

傍晚，去一个老地方洗车。想方便一下。伙计告诉我，在后面。我从窄窄的地下室的过道走进去，无意中看见过道边的狭小空间，是拥挤的、不足两尺宽的便床，也就是伙计们的栖身之所。我知道，在这个城市里，不是每个人都可以睡席梦思的，这就是我的兄弟的床铺。但我终究只能看一眼，就若无其事地走出来，等车洗好，开走。

是的，在这个世界上，每天都有这样来自底层的陌生人，走过我们的身旁。因为他们与我们无关；因为即使像我这般来自底层、知道底层人的生存境遇、并且在内心中把底层人看作自己的父老兄弟而与我有关，我也无力改变他人的命运，因为我们都把每个人的幸与不幸归结为命运，确切地说是以命运作为托词，我们就这样毫无牵挂地与那些来自底层的陌生人擦肩而过。

底层虽然就在我们身边，但我们与他们之间的关系不过是简单的功用性关系，即他们给我们提供廉价的服务，或者他们中的某些人，以乞讨、小偷小摸等姿态，进入我们的世界之中，我们与他们之间的往来仅此而已。我们在我们的世界中，开车、洗车、购物、散步，我们欢欣着我们的欢欣；他们在他们的世界中辛勤劳作、以跳楼的姿态讨要工钱、在城市的某个肮脏的角落里安睡，他们悲喜着他们的悲喜。我们在我们的世界中自得其乐，他们在他们的世界中艰难行走。他们走不进我们的世界，我们亦走不进、也不想走进他们的世界。大街上虽然处处没有栅栏，但人心的围栏在我们日益往上攀爬的小康生活中跟着攀升。

当我们每个人的生活压力越来越大，我们就越来越多地自顾于我们自己的生活，他人——更不用说底层的存在，就不过是作为我们个人生活的功用化的陪衬——有利于我们之时就是朋友，当他人无关于个人的生活之时，就是全然外在于我们世界中的陌生人。所谓"事不关己，高高挂起"，我们终于成功地进入了个人安乐窝，我们终于成功地找到了精神的"蜗居"。我们今天的社会就这样，大量地复制这样的精神上的蜗居者。

这个时候，当我静静地坐在电脑前，敲打着键盘，我不由得想起阿伦特，想起阿伦特为什么要如此热衷地谈论政治对于我们每个人的意义；不能不想起阿伦特，阿伦特对行动的关注刺痛我脆弱的内心。一个人富于同情心，对贫弱的人们心存牵挂，这是人性的表现。正如卢梭所言，所有人都共同具有的本性不是显露于理性之中，而是显露于同情、显露于他所说的看到同类受苦所产生的天然不快中。阿伦特敏锐地找到了卢梭与莱辛的不同之所在。尽管莱辛也声称最好的人是最有同情心的人。但这种基于自然主义的同情，会导致一种"狂热过度，在其中个体感到他被'人人皆兄弟'的情感所围绕"，由此而生发出一种浪漫的平等主义，从而使得社会的不公和不义变得可以忍受，导致世界的丧失，导致我们对世界的责任的丧失。基于此，阿伦特在谈及莱辛时特别强调，不是把他人作为兄弟而是作为朋友，正是不想被浪漫的兄弟情感遮蔽了理智的清明。

在阿伦特看来："人应该是冷静和冷峻的，而非多愁善感的；人性是在友爱而不是博爱中得到了证明；友爱不是私密的个人行为，而是政治的要求和对世界的防护。"一个人"从世界及其公共空间转到一种内在的生活中，或者完全忽略这个世界，而去热衷于一个幻想的'应然'世界或曾经存在过的世界"，躲进小楼成一统，"躲藏到自身灵魂的避难所中，人对现实性进行抛弃的结果，都永远是一种人性的丧失"。显然，阿伦特对莱辛的解释，就是要避免人性退缩到"思想和情感的个体性之中"，而是在世界的敞开与对世界的责任中获得现实的人性。

不难看出，阿伦特之所以孜孜以求地倡导政治生活在现时代的意义，提出行动对劳动与工作的非同寻常的重要性，正是要呼吁一种基于公共生活的德性，一种理性精神的觉醒和公共德性的养成。政治因此而构成人性的行动，而非人性的替代。而恰恰去政治化意味着政治的冷漠，导致公共理性精神的萎缩，意味着个人"从世界中、从他们对世界所负的责任中撤离出来"。

我曾经在西南大学参加某博士生开题会时提出，去政治化本身就是一种政治。这段时间以来，内心一直在萦绕着相关问题。我隐约感觉到了这是当下中国社会发展的灵魂性问题。长期以来，以权力者为中心的政治形态对日常生活世界的主宰，导致公私不分，公共空间无法展开，人们渴望从政治威权中逃离，要么以逍遥游的道家形式逃离，要么以享乐主义的杨朱哲学逃离，要么以歌舞升平式的泛审美主义姿态逃离，还有一种就是以反社会的姿态远离。今天，我们社会经济生活对以往泛政治化生活的替代，正在或者说已经成功地塑造出一种新的生活意识形态，那就是在消费主义搭台的基础上形成的温软的享乐主义和利己主义。享乐主义和利己主义在对抗传统政治化社会的过程中无疑具有正当性，甚至社会发展的根本目的还是在于个人正当的享乐和自我利益的维护，但一旦享乐和自我利益成为遮蔽一切的意识形态，我们今天的社会就跟传统社会没有本质的区别。

南京爆炸事件的随想

每每打开网络，都有些惶恐，怕又有什么惊人的事故。而这几天的事故还真是让人心惊胆战。

7月24日17时20分，由于遭受强降雨，位于栾川县潭头镇汤营村的伊河桥发生整体垮塌，正在桥面上逗留和过往的数十名群众不慎落水。共发现遇难人员37人，失踪29人，其中有3名遇难者是外地游客。调查发现，这桥原来基本没有钢筋，是属于典型的"豆腐渣"工程。

28日南京栖霞废弃塑料厂发生爆炸。事故已致13人死亡，120人住院治疗。事故直接原因是施工人员在原南京塑料四厂厂区场地平整施工中，挖掘机械违规碰裂地下丙烯管线，造成丙烯泄漏，遇明火后爆燃。而引发事故的原因则是由于层层转包，粗糙施工。事故发生地为南京市原塑料四厂地块，塑料四厂于今年春节期间和栖霞迈燕地区开发建设领导小组签订拆迁转让合同，并支付拆迁转让费用。于2016年6月，该领导小组就将拆迁工程转包给了扬州鸿运基础设备建设开发有限公司，由该公司负责平整土地，拆除地面建筑。该公司负责人绍某违规将工程转包给了其妻弟董某。董某又将该工程违规转包给了其妻弟方某。个体施工者方某在进场施工期间，不顾塑料四厂及当地街道负责人的提醒和警告，进行违规拆除。

我好几年前就跟朋友一起聊到，在今天，我们几乎普遍地缺少一种职业精神，同时又缺少必要的社会监督，我们粗糙而急躁的现代化追求过程中，出现各种极端事故，几乎是必然的。只是，真的不知道我们究竟要流多少血，才能让我们当下的发展平稳、和谐，服务于人民的幸福，人民中每个人的幸福。

浏览当日的《潇湘晨报》，A09版是整版报道南京爆炸事件，标题是"场景很像战争之后"，那垮塌的现场，烟火浓烈，一片狼藉，真的让人揪心。

可是，读到报纸的右下，是整块的长沙某商品房广告，红底白字，眩人的标语，"看过的，都说好"。这一下子就让人不知怎么从前面那惨烈战争之后的场景中转换过来。

　　这也难怪，在这样一个高度商业化的时代里，金钱的力量极大。当爆炸事件的惨烈成为吸引人的眼球之时，底下的广告似乎是不合时宜的点缀，但反过来，难道不是这吸引人的惨烈事件才真正成了广告的点缀？当报纸一天天增厚，不管是何种事件，都不过是吸引人们眼球的消费事件，那无孔不入的广告才是报纸越来越厚的真正原因之所在。表面上是我看报纸，其实我不过是报纸及其广告的消费者，我根本就无力作为事件本身的观者而进入报纸之中，报纸看"我"才是"我"看报纸更为基本的存在事实。

　　只是，当一切成了消费，谁还会真正在意惨烈事件背后那些无辜的生命？

城市建筑景观的平庸化与想象力的贫乏

　　　东南形胜，三吴都会，钱塘自古繁华。烟柳画桥，风帘翠幕，参差十万人家。云树绕堤沙，怒涛卷霜雪，天堑无涯。市列珠玑，户盈罗绮，竞豪奢。

　　　重湖叠巘清嘉，有三秋桂子，十里荷花。羌管弄晴，菱歌泛夜，嬉嬉钓叟莲娃。千骑拥高牙，乘醉听箫鼓，吟赏烟霞。异日图将好景，归去凤池夸。

　　　　　　　　　　　　　　　　——柳永《望海潮》

　　昨天下午在河边散步，忽然看见对面橘子洲上喷起一道很高的水柱，不用多想，肯定是最近橘子洲改造新建的喷泉。回来打开电脑搜索，果不其然，橘子洲音乐喷泉已经建成，整个工程以百米喷泉为圆心，周围均匀分布 9 组涌泉。水型造型其一为"百米高喷——中流砥柱",采用软启动减小起动电流,水泵分级控制,风力在两级以下情况喷高可达 100 米,风力在两级以上喷高可以达 50 米。

想起 2007 年在西安看到的大雁塔音乐喷泉。我们几个朋友是晚上去的,偌大的广场人潮涌动,音乐声起,一排排水柱在五彩灯光的映照下摇曳,婀娜多姿,好一幅壮丽的景象!资料表明,西安大雁塔北广场音乐喷泉,南北长 350 米,东西宽 52 米,共分为百米瀑布水池、八级跌水池及前端音乐水池三个区域,可分区独立表演或整体表演,可谓规模宏大,流光溢彩,美轮美奂。其中八级喷泉方阵,喷头点达 1024 个,每个喷头均由一台水泵及一台变频器独立控制。音乐喷泉共设计有独立水型 22 种,均是国内最新推出的科技含量较高的新颖水型。而 60 米宽,20 米高的大型激光水幕,4 台喷火火泵从水中喷出,在 6 米高空充分燃烧低温爆开,更增加了整个喷泉的夺人气魄。喷泉共计有水泵 1360 台,变频器 1124 台,彩灯 3300 余盏,喷头 2000 多只。喷泉的灯光采用水下池面地灯、LED 光带及岸上电脑灯多光源照明。音乐采用高保真远射程专业音像系统,使喷泉声、光、水、色有机交融。

今天在网上看到报道,上海迪士尼项目总投资 244.8 亿元,一期占地约 1.5 平方公里,最早于 2014 年对游客开放,总占地面积可能达到 6~8 平方公里,数倍于香港目前的迪士尼主题公园。

是的,我们身边每天都在发生变化,经济发展带给当下中国社会,尤其是城市的变化可谓日新月异。我们终于有钱了!在一幢幢高楼建好、马路拓宽、城市快速向周边扩展后，我们又开始了提升城市品位的景观设计。于是，在无数的城市里，迅速涌现的城市广场一个比一个气派，似曾相识的主题公园到处开花，音乐喷泉因为其内含的科技实力而成为时下攀比现代的城市名片。

忽然发现，我们今天的城市实际上是多么的雷同，随便走到哪个城市，除了豪华的程度有差别之外，城市建筑景观所展现的文化气质几乎没有二致。我们在一遍又一遍地复制别人的风景，美其名曰现代化，我们实际上在急匆匆追赶的现代化路程之中并没有真正实现我们自身心智的现代化，反而在一味的复制过程中遮蔽了我们自身心智的生长。现代化的根本目标乃是以人为中心的现代化，确切地说是以人的个性与人性的丰富性的实现为根本指向，以此为基础而自然地展现于器物的现代化之中，想象力的丰富与心智的广阔无疑是现代化的灵魂。我们太急于跟上现代化的步伐了，我们唯恐落伍，急切而功用化的生命姿态淘空了我们对世界的想象。"一万年太久，只争朝夕。"我们不再追求内在的长时间的孕育，最好的方式就是拿来。

想象力的贫乏无疑是置身你追我赶的、以物质的现代化为中心的、单一现代化诉求逼迫下的我们心灵衰竭的标志，我们并没有在现代化的过程中充分地显现出我们旺盛的创造力与成熟的个性。更为重要的是，当我们的身边越来越多地环绕着平庸的建筑景观，我们生命的第二自然实际上又在有意无意地进一步衰竭我们民族的心灵，尤其是年青一代的心灵，进而潜在地制约他们的创造力的生长。我们终于只能亦步亦趋地步人家的现代化模式的后尘，而无力于为人类的现代化提供新的图景与精神资源，以至于我们对于当代世界的文化贡献远远与大国地位不相称。

自从人类一步步从自然中走出，我们就生活在人类自己筑居的空间里，建筑景观成为呵护我们身心的第二自然。我们的先人不仅给我们留下唐诗宋词，汉语言在其中尽可能地显现出自身的优美，成为呵护我们精神空间的珍贵的资源，还给我们留下了无数与天与地相谐和的、带有鲜明的中国文化与中华民族生命特征的、优雅的亭台楼阁，开启我们的日常生活的诗意空间，并成为今天我们展现给世界的宝贵文化资源。时至今日，当我们急于续接现代城市的气派，我们究竟能给世界的现代化提供何种资源，还是仅仅作为现有现代化模式的消费者？

现代化、大众文化与弱势者的命运

9月去北京，和教育科学出版社的一个朋友在奥运新城旁的一家雅致的餐厅里交谈，谈到关于乡村社会的问题，社会底层的问题。在这样一种汹涌如潮的现代化追求之中，不论你高兴与痛苦、愿意与不愿意，你都被卷入其中。个体面对现代化的突出问题是，我们几乎没有回避的可能。对现代化的逃避与反抗，都以反现代化的方式进入现代化之中。现代化以各种方式延伸、渗透在社会生活的方方面面，以各种方式围裹于你的周遭，现代化的影子无所不在。正因如此，对于个人而言，现代化的问题不是是否要进入的问题，而是以何种方式进入的问题，个人置身其中的处境如何。

传统社会，一个显著的特点是散状化生存。个体的社会身份基本是给予性的，精英与大众大抵就像彼此不交叉的平行线，所以精英与大众之间的联系是松散的，每个人都在按自己的方式生存。身处底层的大众往往有一种宿命意识，对命运安之若素，这实际上是底层人一种重要的生命状态。对传统社会的底层人员而言，命运成为一个关键词，很少有人跳出去抗争。尽管处境不好，对命运的顺从，对苦难的耐受，让人能在一种狭小的生命空间里依然可以找到生命的安逸。这也是中国传统审美文化的一个重要的特点，那就是对皇权政治伦理压制个体造成的生命抑制的消解以及对命运和苦难顺从过程中的心理缓解。

在传统社会中，精英可以追求精英的生命气象，飞黄腾达；平民也有平民的快乐。现代化就不一样，每个人都卷入其中。在现代性处境中，精英与大众发生一种微妙的变化。大众自觉或者不自觉地就被拉扯到现代化的舞台边缘，充当社会精英人物的看客。无所不在的传媒、网络把精英的信息传递到大众面前。在这个背景下，大众无法逃避这种作为看客的身份。通常，我们被看作社会的分子，实际上绝大多数人都只是社会的分母，作为基数，作为一个数字，生活在精英的影子之中。换言之，精英的生活实际上在很大程度上主宰着大众的生活。所谓的大众文化其实是以大众为看客、以精英的表演为中心的文化，表面上弥漫的是大众的趣味，实质却是精英的舞台。比如，大众唱的都是流行歌，同时记住的是流行歌手和他们的生活。现代化的过程中，大众实际是以分母的方式卷入其中，大众的参与制造了明星，大众的存在衬托、成就了明星的存在。

现代社会是一种共在，其实有时也是一种共谋。杨丽娟事件是如何制造出来的，这一极端的事件，包含着很多的信息。在传统社会，杨丽娟在很小的世界可以过着她的幸福生活。而当她被卷入现代化的旋涡之中，陷于偶像崇拜就是不可避免的事实，而她不过是这种事实的极端表现而已，这在传统社会显然是不可能的。表面上是主动的，实际上是弱势者被动地卷入现代化的偶像崇拜中，只是作为一个极端走得太远了。表面上是追刘德华，而事实上是精英主导的生活方式对弱势者生命样式的吞噬。再如在一个讲女性犯罪的电视系列剧《红蜘蛛》中，有一对漂亮的姐妹，父母离异，姐姐和爸爸一起生活，妹妹和妈妈在一起。妹妹的生活条件差一些，为过上更好的生活，便使用不正当的方式，最后走上了犯罪的道路，被判处死刑。在这个世界上，人为什么会犯罪，我们需要以更开阔的视野来分析背后的原因。一个人走上犯罪的道路，有很多社会的背景。每一个人所拥有的生活想象是相似的，每一个人构想生活的能力是相似的，但是每个人实现生活梦想的能力是不同的，是有很大差别的。换言之，现代化在想象中把每个人拉到了同一个起跑线上，但个体差异、社会条件、社会公平等因素，使得现代化给每一个人提供的实现美好生活的能力是不一样的。所以，当每个人卷入其中，自然有人不能控制自己。在某种意义上而言，每个人都是犯罪的共谋。这是一个非常重要的现代性的命题。

作为生活方式的现代化以其无所不在的渗透力改变着每一个人，从而使得社会前所未有地走向同一，社会生活空间越来越多地呈现出均一化的趋势。传统社会散状生存状态的特点是每个地方都有自己的特色，有特定的生命存在方式。社会生活的同质化、均一化，则导致每个人对现代化的难以拒绝，真正的个性化生活其实不是越来越容易，而是越来越很难。现代化就这样步步深入地改变着人们的生活信念。

现代化给我们提供的一个重要的信念就是，每一个人不能相信自己的命运，或者说顺从命运的安排，我们要改变被给予的自然秩序。它不断给我们生活以刺激，使每个人不甘于自己的命运，不断挑战自己。实际上，现代化成功地唤起了每个人改变自己的愿望，但却没有同步地提升大家改变个人命运的能力。就大多数人而言，其实依然是没有办法超越自己，把握自己的命运的。所以在现代化的境遇中，人的悲剧性命运终归是难以抗拒的。所以，作为现代人，我们既要不认命，又要认命。这就是现代化所带来的个体生存境遇的基本问题。

乡村生活的另一种可能性与乡村教育的重建

据报道，2009 年重庆市应届高中毕业生中，有上万名学生没有报名高考，占应参加高考人数的 5%，而这些考生大多来自农村。这其中，除了学生们对自己考上大学的希望缺失，应该有更多问题值得深思。长期以来，我们的乡村教育更多地作为城市教育的延伸，并没有立足乡村生活与乡村社会发展的需要，除了为升学做准备，并没有更多地承担乡村生活的适应与改造以及乡村社会发展的功能。农村与城市采取相同的教材、教法、进度，这与农村的实际情况相距较远，由于学校硬件、师资水平和资讯等方面的天然劣势，根本不可能与城市孩子有同等的升学机会，绝大多数的农村学生只能做极少数尖子生的陪衬，成为这种教育体制和目标的牺牲品。他们中的许多人，包括那些上了高中却并没有考上合适的大学的青年，因为缺乏生活技能，进城打工很多时候还比不上初中都没有毕业的孩子，难免陷于"升学无望、就业无门、致富无术"的尴尬处境，学了知识在农村却基本没有什么用处，这自然使得农村的"读书无用论"抬头。在目前大学生就业整体不乐观的背景下，那些背负着很大债务进入一般性大学或者专科学校学习的农村孩子，毕业后就业的压力可想而知，相对他们而言较高的教育风险投资得不到及时的回报，即使是面向农村的职业教育，由于我们的教育水平有限，同样不足以给他们提供切实的出路，这无疑进一步加剧了农村"读书无用论"，由此而直接导致乡村教育对教育的普遍不信任，以致中学阶段、主要是初中辍学率上升。这种新的读书无用论，绝不仅仅是一种愚昧的表现，它实际上是当今乡村教育的尴尬处境的真实写照。在目前乡村教育模式之中，对于很大一部分乡村孩子而言，教育除了带给他们人生的启蒙，多读一两年书，并无多大益处，这实际上是从根本上动摇乡村社会的教育期待。当整体社会发展对教育的要求越来越高，乡村教育难免陷于一种左右为难的境地之中。

偶然在电视上看到农民安金磊的报道，突然眼前一亮，赶紧把他的名字记下，到网上搜索。安金磊曾经是国营农场的农业技术员，在工作期间因为看到常规农作方法对土地造成很大的伤害，便开始自己研究学习可持续的农业道路。因为他的想法后来和农场的发展方向很不一样，就辞掉了工作，回到河北老家，承包了五十亩地，开始潜心实践"顺应自然、合其天性"的农作法。

他种庄稼，不打农药、不施化肥、不杀虫。每年他给大地三个月的休耕期，放任野草疯长、小虫繁衍、鸟类栖息，这是为了涵养地力。他和妻子腾出四亩地种谷子，专门喂养麻雀，每到收获季节，便有上千只麻雀从四面八方赶来。他每天检查土壤，经常闭上眼睛，听虫子唱歌，以此判断土地是否健康。安金磊进行可持续耕作至今已有十一年，他从传统农作法中得到很多启示，理论与实践经验都很丰富，对农民、农村问题也有很多自己独到的想法，对土地、作物都有深厚的感情。他种出的东西都非常健康，与周围深受病虫害困扰的农田形成鲜明的对比。

安金磊的生活史提供了当下乡村社会与乡村少年发展的另一种可能性，一种立足乡村大地，创造丰盈的生命价值的存在方式。安金磊的生存方式在现时代体现出来的重要价值至少有这几个方面：（1）对土地的近乎虔诚的依恋与热爱。当我们的文化与教育自觉或不自觉地鼓励乡村少年远离土地之时，安金磊却以自己独特的方式传达对脚下的土地的理解与亲近。他在自己的土地上从未施用过化肥、从未打过农药，他对土地、对自然的理解非常特别，他认为庄稼、土地、飞鸟、昆虫这些都有自己的生存权，是和谐共存的生物链。他把扔弃的农药口袋捡起来带走，并告诉农民："这么肥沃的土地，她能让我们有足够的粮食吃，让我们有衣穿，最好不要这样对待她。这些农药我们人闻起来都难受，土地也一样难受。"他还说："土地是属于自然的，不能光为了我们服务。"他经常让土地轮流"休息"，不愿意过多地向土地索取。（2）乡村劳动的价值。当热衷现代化的我们越来越多地诉诸方便快捷的现代技术，以减少个人体力劳作之时，从 1993 年承包土地开始，安金磊和妻子就开始用最传统的农业耕作法来打理他们的土地，他对农田毫不厌倦，反而充满新鲜感，喜欢成天待在地里干活，用最原始的耕种工具和耕作方法，付出的劳动比别的农人多得多，目的就是为了更自然地倾听土地，亲近土地。(3)简单朴素的生活方式。他追求的生活是"能吃饱，有衣穿就满足了"，不要去追求更多，从土地上得到的越多，大地受到的伤害越多。他吃的粮食蔬菜全部是自己家种的，除了必要的调味品，基本上不用花钱。日常用品方面更简单，衣服很多是城里朋友穿旧的，洗衣粉、洗洁精那些都不用。(4)对现代城市文明的少有的抵抗。他从不使用农业自动化机械，也不相信所谓的农业科学。他甚至这样说："要是没有工厂，人人都分一小块地，大家都在田地里劳作，那么我们的生活多健康，我们的地球也就健康了。"

安金磊的努力，可谓成功地敞开了乡村社会发展与乡村生活重建的价值基础，那就是我们脚下的土地。新乡村生活的可能性都建立在对土地的尊重之上，依自然而劳作、简单而健康的生活、在适度抵制城市文明的过程中又保持乡村生活对历史与文明的开放性，从而保持乡村生活单纯而不失丰富的品性。更重要的是，他实际上是在被现代性围裹的虚华、浮躁的生活方式之中，在土地被功用化遮蔽的时代里，重新敞开了土地的生命意义，为在现代性中漂泊的每个人敞开了另一种生活的可能。对大地的依恋不仅仅是属于乡村社会的，同样是属于整个现代社会的，是我们每个人的价值根基。在这个意义上，安金磊实际上是在现代化的边缘给出了另一种生活方式的可能性，一种耕读结合的、乡村自然与乡村人文结合的、人与自然和谐共在的生活方式。

安金磊的努力表达了一种在城市文明的技术扩张中重建相对独立的乡村生活与乡村发展模式的可能性，乡村不是作为城市文明的简单延伸，使用城市提供的科学技术产品，为城市提供农业产品和劳动力资源，乡村同样可以是在现代文明的背景中自然、和谐、富足的生活场域。安金磊不仅敞开了乡村社会的价值和乡村文化重建的可能性，同样也敞开了乡村少年发展的另一种可能性，一种立足乡土社会、创造乡村文明的、引领乡村健康生活方式的、非依附性发展的可能性，并由此而敞开乡村教育的新的希望与路径之所在。乡村教育不仅能作为以城市化为中心的现代性教育体系的参照与延伸，立足乡土价值的乡村教育本身还可以作为现代性的精神资源而进入现代教育整体框架之中。换言之，乡村教育同样可以——而且也必须——在现代文明的背景上，立足乡村社会与乡土文明，找到自身的价值可能性与合理的精神资源，在为乡村少年提供必不可少的发展机会的同时，给他们提供乡村社会的精神滋养，促进他们对乡村文明与乡土价值的内在理解，增进他们的乡土认同感，厚实他们的乡土精神底气，提升他们的文化自信，与此同时，也为浮躁的现代社会与现代教育增加一份源自乡村大地的质朴与宁静，为置身现代化之中的每个人提供一份乡土自然的慰藉。

当然，要真正超越城市取向的现代教育设计，建立既向现代化开放、又不失乡土特色的乡村教育模式，绝非一朝一夕之功。就当下而言，更重要的是充分保障乡村少年发展的基本权利，切实地改善乡村教育条件，提高乡村教师水平，并尽可能地在现行教材体系中体现乡村文明与乡村生活方式重建的可能性内容。在强势的现代化、技术崇拜、物利扩张的背景下，安金磊们的努力是微小的，蚍蜉难以撼动大树，但他们毕竟开启了另一种可能性，孕育了一线亮光，一线在以城市化为中心的现代化背景下重建乡村文明、乡村教育、乡村生活方式的、并不遥远的希望之光。

少年盼过年

常言"小时候盼过年，长大了怕过年"，现在想起小时候的过年经历来，依然历历在目，止不住满心温暖。

我生长在湖南益阳一个比较偏远的小山村。小孩盼过年，一是有新衣服穿。一年到头，难得的一件新衣服。快过年了，好不容易买到一块布，请个裁缝师傅到家里来，连着缝纫机一起挑过来，小孩子一天的心思就在裁缝师傅身上了。等到新衣服做好，往往是要等大年初一才能穿，新年穿上新衣服带来新气象。二是过年会有好吃的。临近过年，每家每户多少会准备一些年货，肉类、小吃，还有走亲戚用的礼物。如果那年养的猪够大，家里经济状况还能勉强维持，杀年猪就是过年很隆重的活动，杀猪的那天就如同过节。请屠户到家里来，还要找一两个帮手协助，猪杀了马上有新鲜的肉可以吃，一般会叫上几个亲戚一起来吃，吃完少不了送一点给亲戚们。

大年三十当天，父母早早地起床，准备团年饭。等我和妹妹起床，这边已准备得差不多了。随后是满满的一桌，难得的丰盛。过年都是要用大鱼大肉、大钵大碗，一餐吃不完，春节期间可以继续吃。吃饭的时候，先要放一挂鞭炮，再合上门，接下来的重要仪式就是点起油灯，请逝去的先人吃饭。父亲先摆好小酒杯，每个被子都斟上一点酒，斟了酒后再用筷子沾一点酒，然后父亲开始召唤："爷爷、奶奶、二伯伯、二伯母……今天过年了，请你们来吃团年饭。"接下来把就再一个个位置都盛点饭，把筷子搁在饭碗上。然后父亲再点一把纸钱到饭桌旁，纸钱烧起来，桌上饭的热气也腾腾上升，我们都站在旁边看着父亲母亲说话："你们要保佑铁芳、朝晖会读书，要保佑家里平安。"等先人吃过，把灯吹熄，这个时候我们才可以开始吃饭了。

这一天父母都会比较忙碌，要炸些油坨，炒花生瓜子什么的，我和妹妹主要就是开心地吃和玩。到晚上，吃过晚饭，一家人围坐在火坑边，守岁开始。三十的火要烧得旺，年前准备好的干木材，一般是松木，这时候发挥上用场。一家人围坐一起，喝喝茶，吃点瓜子，话话家常。谈话是随意的，当然离不开爷爷奶奶、老爷爷老奶奶的陈芝麻烂谷子的事情，也包括来年的计划，更多的是对我和妹妹的寄托。夜已深，火坑不再添柴，父母一点点把柴头上烧红了的部分敲下来，我们烤着没有明火的炭火。到一家人准备睡觉，再把剩余的火星点点用灰盖起来，以备第二天早上打开时依然有着余温的火种。

现在想来，那围着火坑的夜话，正是一种生命温情从爷爷奶奶到父亲母亲，再一点点传承到我们身上，由此，年幼的生命之中一点点孕育着祖辈的影像，他们的奋斗与挣扎，他们对后辈的殷殷期待，他们的悲欢离合、爱恨情仇，都一一在此刻温暖的火光中点亮，进入年轻一代的内心之中，让稚幼的生命逐渐有了些许厚度，模糊地懂得自己的生命寄托着父亲母亲、爷爷奶奶的爱与期待，我不仅仅是我，我本身就是为一辈又一辈的生命所塑造。大年三十围炉夜话，正是一家人与先人共在的场所，那火坑中缓缓地跳动的火苗静静地把过去带回今天，并且融合着未来。

　　我忽然明白，过年前所有的准备，其实都是守岁的序曲：如果说穿新衣、杀年猪是物质性的，那么围着火坑的夜话则是给予年少个体以心灵潜移默化的滋养。一家人围着火坑，细说着过去、现在和未来，那就是在孕育着未来生命的底色，那一次又一次拨弄着的点点火光，就是一点点照亮蒙昧的童年，逐步进入年幼个体之内心深处的生命意义之光。直到今天，当我的父母逐渐老去，过年早已不见昔日的炉火，但昔日的火光依然在我内心之中，成为我今日依然韧性坚持、奋发向上的生命动力。

　　童年的火种尚未熄灭，而且会在我的生命历程之中一直燃烧，让我在不断奋进的同时，不时地抬起头来，回望我的先辈和周遭古老的大地的同时，也深深地理解代代相传的生命旅程。我恍然有悟，那温暖、安静、质朴的火光，那始自远古先民钻木而取的火光，莫不就是属于传统中国的独有的生命之光，就是点亮历史深处的鸿蒙，点亮一代代中华儿女的心扉，点亮华夏文明的意义之光？

　　时至今日，从屋里地面挖下去的火坑早已不再，春节联欢晚会早已替代一家人围坐一起却话家常，我们演绎的不再是自己的故事，电视里的轻歌曼舞带给我们渐趋一致的轻松与欢娱。我们生活在进步与繁华之中，我们也终于失却了一个安静之中与先辈对话的场域，轻轻松松地向着时尚与潮流开放，轻浅地活在时代之中。此时此刻，当我想起童年时代的过年，并非为过去的贫穷唱赞歌，而是提醒我们，世界也许没有这么简单，当我们急切地求得物质的丰饶与基于个人身体的纵欲狂欢之时，是不是非得要把过去的一切弃如蔽屣，我们固然要跟随时代的步伐滚滚向前，但我们依然要为心灵找家。我们今天不得不思考的问题是物质世界的发达是否必然伴随精神世界的式微，物质和精神是否必然二律背反？我们常常匆匆向前，却忘了为何出发。

另一件跟过年有关而又记忆深刻的事情不得不提。记得有一年，临近过年，家里不记得是哪个人生病了，请一个朋友来"除鬼"，当时那个邻村的熟人告诉我父亲，说大年初一——大清早起来，先打开每个门，再拿一把锄头，屋里屋外转一个圈，顺便用锄头轻轻地往地上挖一下，再说一句咒语，"百无禁忌"，这样家里就不会有邪气，疾病就会少很多。从那以后，每到大年初一，父亲总是会很早起来，照着做。现在想起来当然是迷信，但我总是固执地认为，那种无伤大雅的迷信其实是大可不必赶尽杀绝。因为，无形之中，它保留了一位少年内心深处看待周遭世界的开放性，这无疑增进了我的想象力，更重要的是保持了我对世界的一份迷魅与敬畏之心，而少了几分虚妄。福柯曾言，"必须保卫生活"。保卫生活的意义就是保卫生活的自主性，在日常生活的自我保护之中孕育生活世界的内涵与必要的深度，避免日常生活的浅陋化。

今天，置身现代信息文明之中，置身后现代不断的解构与破碎之中，传统之光业已熹微。传统绝非一件摆在眼前、俯身即可拾得的器物，毋宁说真正的传统乃是人的生活，传统应当存在于人心之中。唯有激活心灵，激活当下国人对生命意义的渴求，我们才会在世界的迷离与虚空之中，在蓦然回首之中，拣拾我们生命深处那些幽暗的火光，重新唤起我们对大地、先民、历史、文化、传统的深深的敬意。

此刻，坐在城市的某个角落，一台安静的电脑前，那大年三十一家人围坐着的点点火光，清晰地闪现在我眼前。我看得见，却又无法触摸，它只在我记忆的深处跳跃。我清楚地知道，我们需要向前看，历史不会眷顾我们记忆中的某一个角落，过去的一页终将翻过。我的女儿正在茁壮成长，我的小儿也开始咿呀学语，而今日之过年早已大异其趣，我是否需要，以及如何把心中的火种以适当的方式传给他们，这是一个问题。我带着这个问题，平静地走进新年。

2017 年 1 月 28 日大年初一初稿，1 月 30 日正月初三改定

第四辑　心系似水流年

随　感

政治哲学的必要

民众的日常生活其实并不需要哲学，或者说，哲学在民众的日常生活中的价值并不足够重要。日常生活自有日常生活的哲学，基于习俗、习惯之中的哲学。

只有当个人走向公共生活，走向政治，人们走出单纯的个人，而走向对美好生活的询问、以保障个人置身公共生活中的清明之时，哲学的必要性才真正显现出来。

斯特劳斯把柏拉图哲学改造成政治哲学，既抓住了政治的要义——离开哲学，政治很难避免自身的堕落，又显现了哲学的要义——走向政治乃是哲学真正的用武之地，真乃天赐慧眼。

"这个世界不再迷人"

在长伟弟的博客上读到去世不久的王元化先生曾经说过的一句话，"这个世界不再迷人"，心戚戚焉。

马上想起沈从文先生去世前说的最后一句话："对于这个世界，我也没什么好说的了。"话语中传达出一种刻骨铭心的悲凉。

有时候，许多时候，你会觉得，这个世界就是跟你过不去。

哎，我们到处高喊以人为本，为啥我们这些"人"总感觉自己不是"本"，而是"末"呢？

原来，许多时候，绝大多数时候，所谓以人为本，其"人"不过是叶公好龙的那个"龙"，并不是真正的"龙"（"人"），是"画龙（人）"。而我们，只是真实的个人，并不是那个"以人为本"中的"画中之人"。

这个世界怎么啦？

技术化官僚体制是我们这个时代的最大障碍

技术化官僚体制几乎主宰着我们身边的诸多重大事务，以至于让我们许多时候都无能为力，寸步难行。我们本来就不够的创造能力，无端地浪费在应对技术化官僚制度的主宰之中。

如果是以鲁迅先生所说的恶意来揣测他们，那么，在我看来，他们根本就存心不让你好好做自己的事情。他们的出发点无非两个，一是要把手中的权力发挥到极致，二是要把他们手中的权力分配给你的一点点好处通通捞回去。所谓的"伟大意义"，全然不过是冠冕堂皇的托词而已。

我很早就说，我们国家根本就不需要谈什么创新或者创新教育，我们还远没有到谈论创新力的时候，首要的问题是如何解决目前制度中被过多地压抑的创新力。如果连这一点都认识不到，一切都只能是空谈。

面对这样一个强大的技术官僚集团，我深深地感到个人的无力。

贫穷与共享

我从小生活在贫穷之中。但只要来了乞讨者，家里总要敞开门打发一点，有时还会留老年乞丐住一晚。

贫穷，并不会泯灭人的良善之光。共享，乃是落后群落的基本美德。

进入这个世界的疼痛之中

深度的人文研究首先意味着进入这个世界的真实疼痛之中，也就是进入这个世界的深处，而不是华美或者空洞文字的无病呻吟。

以文学对抗概念化思维的僵化

竹内好说："鲁迅大概是与概念思考无缘的人。恐怕那就是他的性格，他也许在有意识地强化这种性格。他不理解抽象。在这点上他与蔡元培正好相反，蔡的概念思考能力很强。"

文学之作为思想利器的意义正在于以对生活世界的生动的张力来对抗概念化思维的僵化。

当然，纯粹的概念化思维也是必要的，怕的是一堆概念的生吞活剥，囫囵吞枣。

随感之《唐山大地震》

我承认，我是一个很容易被打动的人。

《唐山大地震》放映了一段时间了，我一直无心去看。据说这是一部让人流泪的影片。在这个高度商业化的日子里，一部电影自然不过是商业化浪潮中的一个浪头而已，流泪也不过是煽情的结晶而已。直到昨天下午坐进通程广场四楼的并不豪华的电影院里时，我依然很平静。

我承认，我只是一个普通的观众。

我的第一次流泪是在元妮的婆婆要带走方达，后面婆婆改变主意让方达下车，方达跑过来，呼喊着"妈妈"。

第二次抑制不住地流泪是元妮在住进有些简陋的新房、地震周年之际，给大军、方登烧纸钱，并且告诉他们怎么走到新房里，不要走错了。

第三次哗啦啦地流泪是在方登终于在汶川地震之中因为目睹一位母亲让女儿截肢而幡然醒悟，自己的母亲当时的选择属于无奈，回来跟母亲相认，元妮貌似平静地说"这 32 年你都在哪儿，怎么不给我一个信，我每天都惦记着你们"，还有就是说没骗她，地震前一天说好了要给她买西红柿，然后跪下来请求方登原谅当时的选择。这一次我真的哭得稀里哗啦的。

第四次是在方登的坟墓里拿出书本，方达给方登讲每年娘都给她买书本，然后方登终于把压抑了 32 年的怨恨全部发泄出来，向母亲说出自己的不是。

明明知道这是一部商业影片，但我还是心甘情愿被这部影片俘虏，我没有拒绝的理由，只有沉浸其中，去寻求与那些苦难的人们心血相连。尽管影片情节是虚构的，但我知道，唐山大地震存在，其中的苦难远要超过电影所能表达。尽管电影中有几个镜头我很讨厌，特别是那个特意拉近的剑兰春酒的标志，还有 LV 的标牌等，但人是真实的，人所遭遇的喜怒哀乐是真实的，苦难是真实的。

影片名曰大地震，讲述的却是小故事，让人记住的不是地震的大场面，而是地震之中之后人的悲欢离合与一种生死纠结的命运。这一点就远远胜过陈凯歌的《无极》，胜过张艺谋的《英雄》《满城尽带黄金甲》，在华丽的场景中，人成了无足轻重的摆设。

不管这部电影有多少不是，我只是一个普通的观众，我被它感动，为它感动，确切地说，我为它所呈现的我们曾经的苦难以及还在纠结着活着的人们的苦难所感动。

随感之技术与伦理之间

不断出现的事故，使得我们不得不一次次面对技术至上的观念在当下中国社会的根本性危害。就像当年鲁迅弃医从文一样，他正是敏锐地发现了当初中国——其实也是当下中国——的根本性痼疾之所在，也就是发现中国的问题并不在于医学的昌明与否，而在于伦理与生存方式的痼疾。鲁迅多次期待自己携黑暗一道逝去，让后人忘掉他。其实我们的民族如果真的能彻底忘掉鲁迅，倒未尝不是一件好事，但问题在于，现在总是让人一次次想起鲁迅，其中的用心可谓良苦。我们想起鲁迅的次数越多，或者说我们越意识到鲁迅的不可或缺，就越是说明我们离鲁迅所置身其中的刻骨铭心的暗色越近。

　　这意味着我们实际上应该充分地意识到，当下中国社会的根本问题真的不是技术的问题，或者说不是技术性问题，而是观念的问题，是价值问题，伦理问题。

　　遗憾的是，我们只要稍微批评一下技术主义无所不在的幽灵，就马上有无数个卫道者站出来，一顿狂骂。这也是鲁迅早就意识到了的，在中国，先行者不仅是寂寞的，而且将是悲哀的，因为他根本就不可能获得认同。所谓"吾行太远，孑然失其侣，吾见放于吾父母之邦矣"。

　　今日中国的脊梁，必须也必然是那些鲁迅所谓跑在最后，却能坚持到底的人，这就是所谓韧性的战斗。

　　韧性的战斗，我们准备好了吗？

随感之作文何以成了做文

　　昨天在餐桌上和几个同事无意中说起中学生作文之事，现在的孩子写作都是学会用一些浮华的词语编造，不由得感慨，现在的孩子们作文已经基本成了做文章了。仔细思考，究竟何以会如此？难道一切都是孩子们的错？

　　当孩子们越来越被围裹在一个人为的文化—技术的世界之中，他们根本就缺少了跟自然世界真实接触的机会，即使是接近自然，他们大脑中诸种抽象的文化符号早已把他们跟自然分割开来，使他们无法真正跟自然接触。这意味着他们从根本上消解了自我生命对自然的生动感受力。不仅如此，他们身处应试教育的旋涡之中，他们身上的灵气一点点被销蚀、耗尽，他们的生命感受力早已被应试化的教育机器塑造成标准化的存在，他们实际上也失去了对日常生活世界的生动感受力。

既然如此，缺少了蕴含生动感受力之生命本体的支撑，他们的作文，除了生编滥造，还能从何而来？

随感之俄狄浦斯王的眼睛

俄狄浦斯王当然有一颗智慧的眼睛，所以他一眼就识破了斯芬克斯的把戏，成功地让自己成为人世之王。但他却无法认清他自己，更认不清自己的命运。

盲先知虽然看不清世俗世界的种种面目，恰恰却看得清俄狄浦斯的命运。

当俄狄浦斯终于认清了自己杀父娶母的劣行，无颜面对人世，于是一手弄瞎自己的眼睛。弄瞎了眼睛的俄狄浦斯失去了人世之王的尊严，却看清了自己。

难道一定要肉身的眼睛瞎掉，才足以让心灵的眼睛敞开？

柏拉图的心灵转向——从可见的世界转向可知的世界——难道不是索福克勒斯俄狄浦斯王叙事的哲学表述？

人啊，自以为聪明，却常常被聪明所误。

这世界上明明那么多人长着乌黑的眼睛，却常常视而不见啊！

走近黄济先生

老是琢磨着怎样把《教育人文集刊》编好，这次来北京，跟华东师大出版社的责任编辑茶居老弟一起讨论了好久，后面想起夏中义先生主编的《大学人文集刊》请了王元化先生题了集刊名"大学人文"四个字，《教育人文集刊》是否也可以请位合适的先生来题个书名？

　　回到北师大，正好遇见中英教授。中英兄是老一辈著名学者黄济先生的高足，隐约听说黄先生书法不错，何不请他老人家题个签？一时高兴，就马上跟中英兄提起，一并想起中英老兄帮忙，他随即答应，只是时间太忙，提议让我找他的博士、今年留校的小余老师帮忙。

　　我连忙跟小余联系，小余马上打电话给黄先生，没想到黄先生满口答应，又问我怎么写，有什么要求，什么时候去拿，把我乐坏了。随即约好晚上 7 点半去先生家拿。

　　匆匆吃过晚饭，挑选了一盆小文竹，由体力好的小余抱着，还有我的一个学生，一起赶往黄先生家。黄先生的家在二楼，小余按门铃，一个和蔼而爽朗、带有山东口音的声音传来。等我们进去，黄先生已下到中间来接我们了。

　　走进先生家门，比我想象的要简陋、朴素。小三室一厅，家里稍稍有些拥挤，黄先生直接把我们领进书房。书房更小，但书很多，到处是书，除了书桌边稍微宽敞一点。黄先生收拾一下旁边的椅子，招呼我们坐下，桌子上已经题写好了几张书名，都是按照我前面说的要求，竖写"教育人文"四个字，旁边写上"黄济题"。黄先生随手把写好的几张放在一边，又摆好笔墨纸砚，一连写了三张。这样感觉不满意，就在同一张纸旁边再写一次，小字写了几张，又说"我给你写幅大一点的"，又拿张纸，写大一点的字，写得我都不好意思了。

　　看写得差不多了，黄先生就拿出印来，先沾上印泥，放嘴边呵一下，再拿一个小本殿在要盖印的纸下，拿装印的盒子放在盖印位置的上方，再把印放好，然后，我看见黄先生几乎是把全身的力气都用在盖印的几个指头上，死死地摁住，拿开，一个清晰的印点缀在"黄济题"三字的下方。

印也盖好了，我在旁边的书堆上看见了黄先生平时练字留下的两幅小字，就跟黄先生说能否送给我，黄先生却说另写一幅送我，我真是喜上眉梢。黄先生连忙找宣纸，书房书太多，不知道搁哪儿了。他说，明明就是放在门口的，却在门口的书堆中找了半天，没找到。我当时心里真的是如同井里的水桶——七上八下，实在不好意思，已经让老先生忙乎了半天，还要老人家找半天的纸。最后终于在书堆里找了几张宣纸，因为书房桌子是老式的小桌子，不好写大尺幅的字，黄先生又把东西一点点转移到客厅的餐桌上。铺上报纸，把宣纸搁上面，我们按住宣纸的边，黄先生就开始写了，写的就是我在书房看到的小条幅上朱熹的诗句："少年易老学难成，一寸光阴不可轻。未觉池塘春草梦，阶前梧叶已秋声。"黄先生边写边说，现在年纪大了，手有点不好使了，字写得没原来好了。但我看先生的字，却是笔法干练，没有一丝浮华的痕迹，恰恰随意中流露出来的是一种智者与长者的旷达。

把字写完，黄先生又一样地盖上了印章。正在等墨迹干，同行的小余也借此机会，笑盈盈地想让先生再给他写一幅。先生欣然答应，又进去拿了一张宣纸，开始给小余写，给他写的是韩愈的名句"业精于勤荒于嬉，行成于思毁于随"，先生的字可谓是寄厚望于后学。

把笔墨收拾好，黄先生又请我们到书房，进去就说，把前面我看中的那两张小幅字送给我的学生，让我的学生惊喜不已。重新坐下，我仔细看了看先生挂在书房里的一幅字，是写给他老伴八十岁生日的纪念品。我连忙让学生把字抄下来：

"连理结缘五三春，喜看幼树已成林；虽乏操琴弈棋事，却有推心置腹亲。风雨几经铸铁骨，肝胆永照作真人；时光过午晚霞好，俯仰无愧贻后昆。

祝周密老伴八十寿辰并题结婚照，2003 年 10 月 15 日，于北京新风南里。"

随后，先生又跟我们聊起了读书的事情。我说我是金生鈜老师的学生，先生是金老师的导师，一起去的我的学生就是先生的学生的学生的学生了，先生一笑。得知我的学生是甘肃土族的，就谈起了少数民族文化与教育的问题，他一方面说要注意发掘、保护民族的文化特质，另一方面也强调各自民族的开放性和时代眼光。然后说到读好书，回去建设自己的家乡，学生连连称"是"。

不知不觉一个多小时过去了，我们也不好意思多打扰，终于在满载而归之中跟先生道别，并告诉先生，今后用先生的题签作为插页的《教育人文集刊》每辑都会给先生寄来。先生把我们送出门来，我们走下一截了，先生还站在楼梯旁送我们。

走出来，北京的冬夜挺冷的。只是，此时此刻，外面的天再冷，我的心也是热乎乎的。因为，我的心里珍藏着的，是一位智慧、通达、热情的老人真实而硬朗的生命印痕。

心祭通程弘道书店

自从通程商业广场弘道书店开张，每每去通程，上五楼逛弘道书店就成了我的习惯。虽然书店不大，但还精致，还是有三四柜不错的人文社科新书。因为心中老揣着这样一个冲动，每次逛商场，我大都是心不在焉。仿佛去通程商业广场，都是为了与弘道书店有个约会。

前段时间，弘道书店关门，被帆布蒙起来，估计是要装修了。我心里虽然隐隐有一种不祥之感，但我期待着弘道书店的再度开张。几次上去，都是帆布遮住，我只有等待。

今天天气不错，下午突然想起，应该去通程五楼看看了，去寻找许久未及的约会。我坐电梯上去，一看，还是帆布蒙着。因为是专程过去，我就想看个究竟。帆布中间贴了一张纸，上面写着：哈里波特烧烤店正在装修中。

原来我曾经如此亲近的通程弘道书店早已经死了，在她蒙上帆布之时就已经死了。一个书店，其实也是一个生命。那个曾经鲜活的书店的生命早已不再，那个让我无数次流连的书店的生命早已消逝，那个曾活在我心中的书店早已烟消云散。

直接杀死她的凶手是时尚的哈里波特烧烤。在这个时代，一餐丰盛的烧烤远胜过一本好书的诱惑力，或者说人们对烧烤的兴趣远大于对一本好书的兴趣。

背后杀人不见血的凶手是利润，那个曾经鲜活的书店是被利润杀死的。在这个有利润、多利润则生，少利润、无利润则死的时代里，在这个国家向图书要利润、大老板向图书要利润、小老板向图书要利润的时代里，被全然置于市场之中的书店因为利润的衰竭而死亡。我心中的书店是被我们这个时代对利润的过度追逐杀死的。

我们这个时代对经济建设的热衷近乎疯狂，我们对文化建设，确切地说是对以出版为中心的书籍传播的重视近乎冷酷。我们可以动辄上百亿去建浩大的工程，却对优秀图书的出版发行舍不得半点投入，甚至还苛刻。这样的结果是把出版社和书店全部不加任何保护地置于市场之中，导致出版社和书店都全然成了利润的追逐者，而不可能再以优秀文化精神养料的传播为根本使命。优秀图书的出版、发行，跟生产一件普通的商品没有任何两样。而恰恰我们民众的图书购买欲望还远没有被激发，我们可以把钱大把地花在餐桌、牌桌，花在各种时髦的享受上，我们却很难真正静下心来读一本经典的小说。缺少了购买的欲望，这意味着图书市场缺少了最根本的支撑，一家小小书店的死亡不过是我们时代精神浮躁、上下共谋的必然结果。

精神沃土需要培植，文化空间需要引领。当我们的精神产品的生产与消费全然裸露于坚硬的市场，受制于利润的法则，实际上就意味着我们民族的精神生活处于利润法则的支配之下，精神生活必然失去自身内在的法则，精神生活的庸俗，甚至鄙俗化就不可避免，一如水银泻地。

偌大个商场终于容不下最角落里一方小小的书店。我终究只有无言，只有安静地离开，为心中曾经鲜活的书店默哀，心祭那曾经书香萦怀的生命。

由病痛所想到的

只要世界上任何一个地方还有苦难，我们自身就会感到痛苦。无条件的认同他人，这是人类高贵尊严之所在，动物没有办法超越自身所在的局限而走向他者。

我们常说的做一个有尊严的人，其实看到的是一个狭义的尊严。在人与人的日常交往中显现出来的尊严，是关系中的尊严或外在的尊严，亦即小我的尊严。

还有一种基本的尊严，与他人无关即人在世界中的位置，属于人类的尊严，也是个体的尊严，即放大了的个体尊严、大我的尊严。

小我的尊严当然是十分重要的，因为它往往直接关乎社会交往中的公正。但对小我尊严的过分关注，会让我们过多地执着于当下的得失，看不到永恒与无限，从而阻碍我们人格朝向更高的存在。

自言自语

有时候你会觉得整个世界都在与你为敌，但实际上你却找不到任何敌人。

有时候，你会觉得自己真的有一颗对社会乃至民族国家的赤子之心，可是谁会真的在意你的赤子之心呢？除非你重要到别人不能不在意你。

任何时候说话都需要留有余地。

任何时候都不要认为只有自己是真理在握。

任何时候都不要低估别人的才智。

阅读希腊经典的时候，我有一种很强的感觉：站在现代汉语之中，我无法达到那种基于成熟心智的思想高度。

也许是现代汉语在目前不够成熟，或者说我们日常周遭的汉语不够成熟，汉语思考中的思想张力明显地呈现出欠缺的状态。

我想唱一首歌："我是一只小小小小鸟，想要飞却怎么也飞不高。"

"有何胜利可言，挺住就是一切"

"有何胜利可言，挺住就是一切。"好几年前读到的里尔克的名句，不时地萦绕在心头。我逐渐明白，其实一个人活在世界上最重要的不是改变世界，而是改变自我。

一个人在河边散步，突然想起，其实人生就是一场战斗。一个人找寻自我的过程是一个战斗的过程；坚持自我，更是一个战斗的过程。昆德拉在《生命中不能承受之轻》中写到，媚俗是人类生活的基本境况。一个人要从日常周遭无所不在的庸俗之气中站出来生存，实在是比面对千军万马脸不改色心不跳还难。

生命的卓越如何可能？生命的卓越并不是指一个人的成就本身，世俗眼中的成就与个人存在的卓越关系不大。生命的卓越乃是一个不断地对抗日常生活媚俗之气的努力。自由教育正在于培养独立自由的个体，让其能在各自的生活世界中站立起来生存。

我们对于经典的学习与亲近正是一种对抗日常生活庸俗化的努力。

有何胜利可言，挺住就是一切！人生就是这样一个身在俗中而又不断抗俗的过程。

天梯上的歌谣

——怀念张国荣，并海子

张国荣的离去，意味着一个艺人时代的结束，他是我们周遭的时代中少有的超凡绝尘的敏感而高贵的心灵之一。

他的死去其实是他的新生。此世注定不是他的久留之地，或者说这个世界根本就没有他的久留之地。或者说，他来到这个世界上本来就只是为了奉呈，而不是为了自我肉身俗世的生存。

他那忧郁而悲情的眼睛告诉我们，他的灵魂总是只能颤栗而无望地漂泊在这个世界之中。

这让我想起海子。他们都是这个世界上少有的天真的孩子，他们的生命世界中有一种超乎寻常的透明和纯净。他们在奉献给这个世界一种逼人的诗意人生的同时，又把死亡赠予了这个世界。

他们不愿意像影子一样地活着，死亡乃是他们人生的最后的也是最高的演出，也是他们对这个世界的最后的也是最高的奉呈。

因为他们的生，也因为他们的死，这个世界，还不至于总是黑夜。

我在内心深处，敬重他们，敬重他们的生，也敬重他们的死，亦如我敬重人世间所有过去的、现在的高贵心灵。

并且，我深深地怀念他们，怀念那坐在天梯上的"夜歌"，那"天堂的夜歌"：

天梯上的夜歌/天堂的夜歌/夜歌歌唱了我/弓箭放下/我画出山坡/太阳放下弓箭/夜晚画出山坡

一群群哑巴/头戴牢房/身穿铁条和火/坐在黑夜山坡/一群群哑巴/高唱黑夜之歌/这是我的夜歌

这是我的夜歌/歌唱那些人/那些黑夜/那些秘密火柴/投入天堂之火

黑夜/年轻而秘密/像苦难之火/像苦难的黑色之火/看不见自己的火焰/这是我的夜歌

黑夜抱着谁/坐在底部/烧得漆黑

黑夜抱着谁/坐在热情中/坐在灰烬和深渊/他茫然的望着我/这是我的夜歌

坐在天堂/坐在天梯上/看着这一片草原/属于哪一个国王/多少马/多少羊/多少金头箭壶/多少望不到边的金帐/如此荒凉/将我的夜歌歌唱

在这样的夜晚，在这样的早晨，我只有吟唱过去的歌谣，我无力表达，我只有内心的呼告。

喜羊羊与灰太狼的伦理世界

因为陪着小女成长的缘故，我也喜欢上了喜羊羊与灰太狼的故事。初看《喜羊羊与灰太狼》，直觉告诉我，这是不是美国动画片？因为中国的动画故事，大都是以成人的姿态来给孩子讲道理，故事只不过作为道理的填充。由于道理明确集中，我们的动画故事难免善恶分明，好人坏人、好动物坏动物，有如泾渭之水，浑浊分明。而在喜羊羊与灰太狼的叙事中，在保持羊善狼恶的基本伦理架构之时，也给羊与狼的伦理对恃之中，增加了种种善恶交织的灰色地带。

羊在与狼的直接对抗中，往往处于弱势，但羊们团结、智慧、团结、友谊的品质让羊们有了与狼对抗的资本；与此同时，羊们中间也不免有各种鸡零狗碎的习性，美羊羊是个喜欢打扮的小女羊；沸羊羊超爱健身，暗恋美羊羊；懒羊羊是个超人气的可爱小男羊，特爱睡觉。小羊们身上不时表现出来的爱吃点小零食、偷懒、小心眼等，成为狼在每个故事的前面多能抓住羊们的重要原因。狼爱吃羊，想吃羊，这是一种恶，也是狼的天性与命运。背负着吃羊命运的狼，表现出狡猾、凶狠手辣、冷面无情的特性，不管羊们对狼表现出多么友善，狼转过身来想得就是如何抓住羊，把羊炖了，美美地吃上一顿羊肉；但以恶著称的灰太狼对老婆红太狼、儿子小灰灰却是无比衷心，疼爱有加；更重要的是，无数次吃尽了羊们的苦头，但要抓羊吃羊的念想却永不放弃，可谓屡战屡败，而又屡败屡战："小羊们，我还会回来的！"

每小集结尾的台词，成为灰太狼不屈不饶、忠于狼性的执着而倔强的呼告。

今日一边在客厅拖地，一边陪小女看喜羊羊与灰太狼的故事。开始并没有注意小题目是什么，只是逐渐看得入味。我一边拖地，一边断续地看围绕小灰灰在羊村受伤而展开的故事，琢磨着其中的伦理意味。等女儿不看了，我重新打开影碟机，找到这一集，才知道我看得有味的是《奇思妙想喜羊羊》之《最佳演员奖》。

《最佳演员奖》，可谓一个蕴含着深度伦理思考的伦理故事。小羊们为村长慢羊羊生日准备一个节目，小灰灰在旁边观看，求懒羊羊哥哥给个角色，懒羊羊说角色已经安排好了，不能给小灰灰安排。小灰灰继续请求，或者说一句话，要不走走过场也行。懒羊羊不耐烦，一手把小灰灰推倒，小灰灰受伤。伤并无大碍，而且是在游戏中，这原本是一件可以忽略的小事。但因为灰太狼与羊村根深蒂固的芥蒂，小事可以放大。得知小灰灰在羊村受了点皮毛之伤，爱子心切的红太狼和灰太狼很心痛，这在情理之中。当灰太狼得知是在羊村受伤的，灰太狼就到羊村要求赔偿医药费。尽管来者不善，但毕竟小灰灰在羊村受伤是基本事实，既然这个事实成立，那么羊村承担必要地责任也是理所当然。村长坚持，做错了事就应该补偿对方，"我们不能因为灰太狼是个坏蛋，就可以不负责任。现在更加是考验我们道德情操的时候了"。但灰太狼的要求是要赔偿给自己一只羊，这让羊村陷入尴尬。这个要求有越界之嫌，羊村不答应，也无法答应。答应当然违背了羊村的羊生命至上的生命伦理；不答应则意味着违背了整个动物生命界做错了事就应该补偿的普遍伦理规则。

不管怎样，羊村没有给灰太狼以必要的回复，这自然就给灰太狼提供了把柄。灰太狼理直气壮地说："那我就把你们这种不负责任的行为告知整个青青草原，让整个青青草原的动物们都鄙视你们，哼!"灰太狼四处放风，宣扬羊村的"不负责任"的行为，使得其他动物都不与羊亲近。香蕉熟了，慢羊羊邀请大象来羊村吃香蕉，大象说："羊村是一个不负责任的地方，我还是不去了吧。"邀请老虎泰哥来羊村表演，老虎说："如果我表演受伤，你们羊村会负责任吗？我不敢冒险啊。"牛和猪甚至还把鞭炮扔到羊村屋顶，说事来惩罚那些不负责任的羊。灰太狼的四处放风，有明显夸大之嫌，这也符合灰太狼的所谓邪恶的本性，但能让诸多动物相信，毕竟事出有因。羊村因为没有积极应对，自然处于伦理上的弱势，落入灰太狼的口舌，成为众矢之的，并非恶意诬陷。不管怎样，这导致了羊村名誉的扫地。

名誉本身不足以成为伦理德性，但对名誉之爱可以唤起羊（人）们对德性的追求。村长自知羊村有些理亏，又没有更好地办法，故在生日聚会匆匆结束后，把羊村托付给大家，以旅游之名去向灰太狼行赔偿之实。尽管路上被喜羊羊识破，但村长点晕喜羊羊，毅然前行，可谓赴汤蹈火，在所不辞。村长把自己当成医药费，赔给灰太狼，意在以个羊（人）献身之大义来拯救羊村的声名，以提升羊村在伦理上的弱势处境。村长献身灰太狼，灰太狼宣称自己是很守信用的，随即告知小鸟们，"你们去通知草原上的动物们，就说羊村原来是很负责任的，大家不要误会他们了"。灰太狼似乎道义十足地履行自己的诺言，随即请村长自己跳进锅子里，准备受炖。村长的自我担当伦理，无疑让羊村道德上的负疚得以勾销。小灰灰不过小伤，灰太狼把小伤做大，用慢羊羊生命抵押，违背了生命伦理，但由于羊们在拒绝赔偿羊后并没有拿出妥帖的赔偿方式，或者说两者之间根本就不可能有妥贴的赔偿方式，不过是给灰太狼提供一个吃羊的口实。灰太狼原本具有恶名，现在炖掉送上门来的村长，也在情理之中，因小灰灰受伤而发生的伦理纠葛且算告一段落。

此时灰太狼家的电话铃骤起。原来是羊们正在邀请小灰灰演戏，小灰灰的台词就是哭着说一句，"爸爸快来救我啊"。喜羊羊与灰太狼于是达成交易，灰太狼放了村长，羊们放了小灰灰。交换人质现场，小灰灰若无其事，开口就笑着，说，"爸爸，我会演戏了"，"我还有一句台词呢"，"爸爸，快来救我啊"，灰太狼一愣，小灰灰又呈上了小羊哥哥给他颁发的"最佳演员奖"。红太狼哭丧着脸说，"咱们上当了！"聪明而非狡猾的羊们就借用小灰灰表演了一场"劫持狼质"的好戏，粉碎了灰太狼的放风诡计，并把村长给救回来。

灰太狼小题大作，有失伦理公正。喜羊羊们设计"劫持狼质"，就有了道义上的合法性。但喜羊羊的计谋乃是以无辜的小灰灰作为道具，而且是三番五次诱使小灰灰哭出来。尽管小灰灰很想参与表演，但小羊们利用小灰灰的想演戏和灰太狼夫妻的爱子心切，把小灰灰做成劫狼救羊的道具，这个过程违背了羊（人）是目的，自然也包括他们的好友即小狼本身也是目的，也即每个羊（人），也包括羊们的朋友的小灰灰，都是自己的目的而非手段的伦理准则。尽管是演戏，却不能改变这个演习过程的欺骗性。

羊们的目的是为了救人，但救人的道德目的是否可以说明任何手段的合道德性，这本身是一个问题。在这一点上，聪明的喜羊羊和狡猾的灰太狼并无二致，或者说，其中的伦理姿态不过是以牙还牙、以恶制恶、以狡猾对狡猾。而当灰太狼见到儿子获得"最佳演员奖"时，才知道已经被羊羊们骗了，可谓羊们的狡猾的聪明胜过了灰太狼聪明的狡猾。这其中，究竟是羊们足够聪明，还是灰太狼不够狡猾，抑或是正义一定会战胜邪恶，确实不是一句话能说清楚的。

好在小灰灰自觉于扮演羊们赋予自己的角色，而且很高兴把这一角色发挥充分，所以在父亲灰太狼面前喜形于色，眉飞色舞于自己的"最佳演员奖"。这让羊们之聪明中掺杂着的狡猾之德性，显现出几分喜剧色彩，从而弱化了羊们在道德上的负疚，也就是他们可以轻松地借小灰灰对抗自己的父亲而不觉得羊们的行为有道德上的过错。换言之，整个过程实质上的伦理性对抗，在小灰灰身上却始终是游戏性的。作为羊们营救村长之工具与道具的小灰灰，其自身实际上是游离在羊和狼的对抗性紧张之外，而全然以一种合狼（儿）童性的方式自由地生活着，游戏着。结尾当灰太狼被羊们设计的秋千荡到空中去的时候，小灰灰的惊奇中闪现的还是好厉害的、会飞起来的、可爱而有趣的爸爸，"好棒啊，我爸爸又会飞了"。小灰灰的话语，既是其游戏姿态的鲜活表达，也是他们父子情深的写照。这其中，实际上还夹杂着小灰灰不懂狼（世）事艰辛的辛酸。

小灰灰虽然充当了对方战胜自己爸爸的棋子，但他却全然没有自觉到自己的棋子角色，而完全生活在自我童真世界之中。当然，也正是因为小灰灰的游戏化生存，才使得羊们当着小灰灰的面，把灰太狼一下子冲撞到了半空中，少了些许道德上的冷酷，也减少了羊们面对无辜而可爱、且帮助过他们的小灰灰时的负疚——面对一个帮助了你的动物（人），你却当着他的面，把他心爱的爸爸如此痛击，怎么说也不大厚道，就算他爸爸是你的世界中的恶人。问题在于，游戏化是否足以充分地勾销羊们道德上的歉疚？面对天真无邪的小灰灰，拿他来做棋子，去蒙骗他的爸爸，这其中难道就没有道德上的歉疚？不仅如此，一旦有一天，小灰灰长大后自觉到自己的棋子身份，他又会怎么想？是保持童年的游戏姿态，还是转而对羊们的世界充满仇恨？

羊们的伦理世界尽管不乏心计，但毕竟还是有"救救孩子"的亮色，整个过程，既达到了救村长的目标，又没有伤害小灰灰的童真，还让他似乎尝试、锻炼了演员技艺。这种亮色的核心是抛开羊们和小灰灰父辈之作为狼的恩怨，成为小灰灰亲近的玩伴，从而避免小灰灰的狼性朝着灰太狼之恶的方向发展，而能更多地保持其作为幼狼的儿童性，向羊的世界靠拢。这种亮色同样隐含在灰太狼爱子如命的逻辑中，不同的是灰太狼期待小灰灰既成狼的本性，忠于狼性，而羊们的游戏化则实际上是试图拉近和小灰灰之间的距离，从而在新一代中尽可能地改造狼的恶性，也就是改造狼性，由此而勾销羊与狼的界限。在羊们与灰太狼争取小灰灰的过程，其实就是由羊性、狼性，走向共通动物（人）性的过程。

问题在于，一旦狼不再忠于自己的狼性，羊和狼的故事该如何继续？小灰灰走出童年的懵懂之后是成为像灰太狼爸爸一样的狼，还是混同于羊们群体之中？抑或，作为动画片的喜羊羊与灰太狼的故事，是永远的喜羊羊与灰太狼和不长大的小灰灰？更重要的问题在于，看这些动画片的孩子们，他们在长大，他们会长大。他们长大以后如何来复述喜羊羊与灰太狼的故事？一旦这个世界只剩下单一的品质，则意味着世界的贫乏。羊们的善良、智慧、团结，需要作为背景的灰太狼。离开了灰太狼的狼性，羊们失去的就不仅是与狼斗争的浪漫故事，而且是属于自身的羊性，无法承载起羊们在对抗狼的过程中所显现出来的羊们的聪明智慧与团结友爱。

好在喜羊羊与灰太狼的编剧们，并没有陷于对狼性（人性）的浪漫期待中，于是，我们才可以在继续的日子里，心惊于青青草原如常的危险：灰太狼依然希望给红太狼幸福，要为红太狼抓羊。为了应对灰太狼的攻击，羊羊们在慢羊羊的协助下，发明了很多奇思妙想的防狼工具，一次又一次地打败了灰太狼，化解了青青草原的危机。灰太狼抓羊技巧的提升，与羊们更聪慧的应对和种种奇思妙想的发明，不仅能守卫羊村，保护羊们，还给羊们和狼们因为纠结在一起而斗智斗勇的共同生活，带来奇妙无穷的乐趣。喜羊羊和灰太狼彼此交织的杂参复杂伦理的生活世界，给电视机前的小朋友和大朋友们，带来了充满生命趣味的想象与无限的欢乐。

心中常系念这段生命的时光

——在湖南师范大学教育科学学院 2006 届研究生毕业典礼
　上的讲话

各位老师、各位同学：

非常高兴，在今天这样一个特殊的时刻，我能作为教育科学学院教师的代表来说几句心里话。

一是表示祝贺。今天，大家圆满地完成学业，迈上人生另一个新的台阶，这是一件非常值得祝贺的事情。看着你们刚穿着硕士服、划过流苏的时候，我感到由衷高兴，真希望时光倒转，我也能重来一次。

二是表示感谢。表面上看来，我们是老师，我们曾经指导大家，但实际上是我们要感谢你们，是你们丰富了我们的人生，是你们让我们体验了教师职业的欢乐，是你们给学院、给岳麓山下这块平凡的土地带来了生机与活力。

三是表示期待。期待之一，走上学问人生，做人永远重于学问，学问本身就需要人生的历练，希望大家能走好人生的每一步，特别地，走好人生关键的几步。人生的道路虽然漫长，关键时候只有几步。

期待之二，希望大家在今后的人生与事业之中，能找准自我发展的空间，然后去积极努力地拓展自我生命的空间。只要有梦想，一切皆有可能。

期待之三，希望大家常回家看看，常回头看看。回望母校，就是在回望一段生命的历程。回望母校，感受一种精神的温暖，给我们今后人生周遭的疲惫带来一份清凉、一份温馨，一份生命幽微之际的感动。

最后，我把电影《刺激1995》里面最精彩的一句话送给大家："希望是一件好事，也许是人间至善。美好的事物将永不消逝。"

那失明的眼睛为光明的人们引路

在电视"鲁豫有约"中看到众人帮助小欣月圆天安门国旗梦的故事，我止不住流泪。第二天给本科学生上课时我讲到小欣月的故事，又止不住哽咽。故事大致是这样的：

2005年10月23日，吉林省九台市卢家小学，活蹦乱跳的小欣月在编排舞蹈时突然摔倒在操场上，医院的诊断给这个天真烂漫的孩子判了"死刑"：髓母细胞瘤，脑瘤中最严重的一种。为了给她治病，他们全家搬到了长春。小欣月的病情越来越严重，脑部已经积水，头部变大，接着是双目失明。医生告诉孩子的父亲朱德春，孩子要做什么尽量满足，因为她的生命随时可能结束。小欣月经常向父亲提起有一天要去趟北京，看看天安门上飘起的五星红旗。朱德春和妻子商量，虽然孩子眼睛看不见了，也一定要带她去北京，到天安门广场看升旗。

地方媒体《城市晚报》报道了小欣月的境况和她的心愿，立刻引来了社会各方面的关注。一位公司经理表示愿意出资让小欣月去北京，小欣月开始满怀希望地期盼着那一天早日到来。医生却告诉朱德春，小欣月如果去北京随时可能有生命危险。朱德春想出了一个看似荒唐的主意："带孩子在长春坐车转一圈，到时候找一个能升国旗、奏国歌的地方，就告诉她那里就是北京天安门……"他把自己的想法告诉了大家，立刻得到了一致的响应。《城市晚报》为此开通了专门的热线，请大家帮助出主意，想办法，好让这个仪式搞得更真实。

一个300万人口的城市，因为一个小女孩到天安门看升旗的心愿而行动起来。越来越多的人主动要求参与，有的出主意，有的捐钱和轮椅等物品，有的要扮演各种角色，有的要提供场地。共青团长春市委发出号召，要求全市青年志愿者代表参与到为小欣月圆梦的队伍中来。时间定在3月22日，升旗地点临时选定在长春市公共关系学校。为了让所有环节都天衣无缝，大家对乘车路线、交通工具、时间、到"北京"后还去哪些景点都进行了精心策划。千名志愿者进行了明确分工，有的做报站员，有的做导游，有的当观众。长春市雷锋车队派出了3辆出租车，长春普济医院派出一辆救护车全程跟随。

3月22日上午9时多，一行汽车驶到了小欣月家的胡同外。朱德春抱着小欣月坐上了开往"北京"的客车。小欣月高兴得不时地唱着在电视里学来的"北京的小妞，嘿呦嘿"。一路上，司机不时地拿起对讲机和其他车队队员通话。队员们按照事先的安排回答说："到沈阳了""到北戴河了"。小欣月也不停地问："这是沈阳啊，那是不是快到北京了?"大家赶紧应和："是啊，就快到了!"终于到达"北京"了，朱德春把小欣月抱到了119路公交车上，这辆车变成了开往天安门广场的"北京公交4路车"。13时，汽车驶进了长春市公共关系学校的操场上，2000多人在这里翘首企盼。一场特殊的升旗仪式即将在这里举行。

13时30分，升旗仪式正式开始。仪仗队的正步声响起来了，随后，庄严的国歌在全场高昂地奏响。小欣月大声地对爸爸说："爸，我真到北京了，天安门！"五星红旗缓缓地升起，小欣月试图举起自己右手，对着国旗表达一个少先队员应有的敬意。她顽强地用尽全力伸出右手，一次次举起，又一次次无奈地放下，最后她只能将手举到额头处。朱德春在一旁一边擦着眼泪，一边帮女儿把右手举到了头顶。人群中有了一阵阵低声啜泣。升旗仪式结束后，一名护卫队队员来到了小欣月的面前，小欣月用手摸一下国旗护卫队叔叔的领章和帽徽，说了一句："叔叔辛苦了！"

这中间有三个细节特别感人，我讲给不同的学生听时，说到这里都会止不住泪光闪闪：一是临时改在公共关系学校，校长接到通知只有15分钟的时间，学生跑步前进，不到七八分钟的时间，全体师生就已经站好了。车一进学校的时候，看到这么一个场景，大家都哭了；一是欣月想举手向国旗致意，几次举不起，父亲帮欣月把手举过头顶；一是欣月想摸一摸解放军叔叔的帽徽和肩章，一个国旗班的学生握住了欣月的手，小欣月说一声，"叔叔辛苦了"。

整个事件完全就像一个童话故事，一个发生在钢筋水泥丛林时代的安徒生似的经典童话故事，这个故事的主题就是爱。小欣月的故事之所以打动人心，正是因为小欣月的故事正好撞击了我们久违的爱心。这其中包含着两层意味：一是尽管这本身是一个传达爱的事件，但它却正好是我们今天的时代爱的荒疏的表征，正是因为爱的缺失，我们才可能一时之间为小欣月的境遇而迅速付出自己爱的关切；二是证明身处钢筋水泥时代，我们还是蕴含着充足的爱的意识与能力。

处于社会底层，贫穷，幼小，可爱，可恶的疾病，美丽的梦想，这一切正好构成了安徒生童话世界的主人公形象，足以焕发人们的缱绻爱意。而身处钢筋水泥围裹，身心日益麻木的我们正好需要这样一场扣人心弦的感动。小欣月的出现，就好像上天赐给我们的礼物，让我们心灵的眼睛一亮，很快找到了感情释放的窗口。我在百度上面搜索"小欣月"，结果有 1140000 篇。小欣月的事情之所以如此快、如此广地让众多不相识的人自觉地参与其中，一个重要的原因乃是因为小欣月的际遇正好与我们正处荒疏的爱意相遇，让我们尚未全然麻木的心灵得以重温阑珊的爱意。

当然，这其中还有另外一层特殊的含义，天安门升旗作为一个极富象征意义的事件，实际上是自幼种在国人心中的一个充满温情暖意的政治情结，从每天打开电视新闻联播中出现的升旗图景，到小学课本上的我爱北京天安门、五星红旗，天安门升旗实际上是深烙在国人生命之中的鲜红印记。到天安门看升旗，把自己沉浸在那份作为中国人的荣耀之中，成为无数国人的平凡梦想，甚至是一生萦怀的眷念。特别地，对于社会的边缘人，看天安门升旗无疑是对祖国中心的向往。向往天安门升旗，实际上成了国人一种基于政治由超越政治的日常生活的基本姿态，小欣月无疑是作为平民大众这一生活梦想的表征。

当众人走在模拟天安门广场的公共关系学校的操场，众人带着凝重的心情，严肃而认真地玩一场美丽的游戏的时候，我们可以真切地感受到，因为小欣月病弱的身躯，在场的每个人的生命已经紧紧地相依。在众人编织的谎言谎境之中，每个人都凭着爱，而远离熙熙攘攘、利来利往的尘世，成为真正的、纯粹的人，让生活在钢筋水泥丛林中的我们觉得自己依然活在人间。在此意义上，当成人世界在帮助小欣月的时候，其实更是，而且首先是小欣月成全了成人的世界，是小欣月帮助成人世界进行了一场贫弱人心的大拯救，是小欣月让我们在物欲横流之中真实地触摸到了生命存在的真谛。我们在表演给小欣月"看"的同时，其实同时也是在给我们自己看，给我们的心看。

小欣月，幼小的身躯，以执着的梦想抵挡死亡的恐惧，失明的双眼里闪烁着生的渴望。正是她善良的渴望启迪了人世的爱心。表面上看，小欣月接受的是他人的救助，但细细思考，我们就可以看到，真正救她的是她自己，是她稚幼的身躯萌发的对生命的憧憬与渴望，是幼小生命中燃烧着的梦想和希望拯救了病弱的小欣月。甚至，小欣月面对死亡而发出的生的渴望，足以唤起成人对世界生的渴望与信心，也焕发我们对自我生命的一份坦然与朴素。小欣月不仅让我们在物欲横流、个人享乐主义泛滥的时代找到遮蔽的爱心，而且她还以幼小、病弱的身躯向我们启迪：人可以这样向死而生。

整个事件正是一场艺术化的教育实践，是一场关于爱与人生的教育实践，是一场把无数人的生命自然地卷入其中的教育实践。每个人身处其中，获得灵魂的洗礼。

小欣月那失明的双眼为光明的人们引路，把人们引向爱、希望和梦想，引向人生的真谛。

西西弗斯：人类生活的游戏本质

带着小诗晴出去，把她放在小推车里，在阳光下漫步，感觉很惬意。发现有个斜坡，就把她放在坡上往下冲，我在下面接住。玩了一次，她很高兴，就不停地接着玩。推上去，再滑下来，每一次，她都会笑得咯咯叫。

忽然想起希腊神话中的西西弗斯。西西弗斯，希腊神话中科林斯国王，生前贪婪，死后被罚推巨石上山，登顶后巨石滚下，继续推上，永不停息。这个神话本是以悲剧作为底色，但却揭示出人类生活的游戏本质：即使是不断地重复简单的劳作，人类依然可以获得生命的从容与愉悦。

神性的生活固然美好，但神的生活过于自足，失去了个人的自由。所以，加缪选择了一个向往自由的西西弗斯：他是因为重返人间后不愿回到冰冷的地底而遭受的刑罚，向往自由的西西弗斯宁愿选择日后的永罚也不放弃现在拥抱阳光亲吻大地的自由。

于是，我们得以想象这样的场景：随清风吹来的是田野的气息与芬芳的花瓣；海湾绵延至远山渐变成美丽的弧线；日出时金色的阳光华丽到令人眩晕。

生老病死，每个人都被置于造化的循环往复之中，我们都不过是受诸神惩罚的西西弗斯，但我们同时又是加缪笔下享受自由阳光的西西弗斯。认识到人类生活的游戏本质，我们就可以从容地应对生活，应对生命中周遭的一切，并赋予空无的世界以无限的生机与意义。

愚人节是每个现代人的节日

不知哪一年开始，愚人节进入我们的话语之中，但一直对"洋节"心存芥蒂的我，似乎并没有在意。3 月 31 日，应邀去浙江师大讲学，晚上休息时突然想起，第二天下午的讲课正好是在愚人节这一天，为什么不以愚人节为话题，来一段开场白呢？于是，赶紧查找资料，寻找阐释的路径。慢慢地，愚人节的意义似乎清晰地展现在我的眼前。

每年 4 月 1 日是西方的民间传统节日——愚人节。愚人节起源于法国。1564 年，法国首先采用新改革的纪年法——格里历（即目前通用的阳历），以 1 月 1 日为一年之始。但一些因循守旧的人反对这种改革，依然按照旧历固执地在 4 月 1 日这一天送礼品，庆祝新年。主张改革的人对这些守旧者的做法大加嘲弄。聪明滑稽的人在 4 月 1 日就给他们送假礼品，邀请他们参加假招待会，并把上当受骗的保守分子称为"四月傻瓜"或"上钩的鱼"。从此人们在 4 月 1 日便互相愚弄，成为法国流行的风俗。18 世纪初，愚人节习俗传到英国，接着又被英国的早期移民带到了美国。在这些国家，人们常常为欢度愚人节而组织家庭聚会，用水仙花和雏菊把房间装饰一新。比如，典型的传统做法是布置假环境，如把房间布置得像过新年一样，等客人到来时则祝他们"新年快乐"，令人感到别致有趣。如今的愚人节在美国已主要是淘气的男孩子们的节日。

直接分析愚人节的由来与当下的表现，不难发现，所谓愚人节，不过是一个找乐子的节日。愚人节最典型的活动还是大家相互开玩笑，捉弄对方。比如，小孩子会告诉父母说自己的书包破了个洞，或者脸上有个黑点，等大人俯身来看时，他们就一边喊着"四月傻瓜"，一边笑着跑开。愚人节，由最初的捉弄保持过去庆祝方式的人的形式，转变成大众的节日。在这里，愚人是一个动词，虽有捉弄人的意思，这是一种善意的捉弄，更多地包含的是一种民众的狂欢。

节日的意义显然不仅仅在于日常表象，往往还会有着某种幽微的意义。特别地，在一个高举科学、现代、进步的时代里，愚人节的狂欢本身就内含着对当下生活世界的超越。那么，这种超越的指向何在？从愚人节的由来可以知道，所谓愚人，也就是那种坚持过去传统的人，或者引申为坚持古典传统的人，不与时俱进的人。愚人，表现出比别人慢半拍，这就是在现时代中总有那么一些人在固执的守候着过去的传统，这一层的意义比第一层更进一步，显明了人群中间独特的一群人的类型，他们虽愚，但却在捍卫传统中自得其乐，他们可以说就是逝去的传统在现时代的见证者，他们实际上是在提醒我们，急于追赶现代、进步、潮流的人们，不要忘记给传统、过去，甚至守旧，以一片小小的心灵空间，没有人可以永远向前，保守其实也是现代人的一种不合时宜、但弥足珍贵的生命姿态。

愚人节当然应该不仅仅属于那些貌似愚人的人们，同样应该属于每个人，每个人现代人。在这里，愚人节的第三重意义就显示出来。在社会越来越文明，社会的理性化越来越高的背景下，愚人节的意义就值得思考。当整个社会越来越崇尚聪明、技术，愚人节作为一道精神空间的开启，它提示我们，越来越聪明的现代人，不要忘记，愚人其实才是每一个人存在的实质。所以，在我越来越求得自我聪明的时候，求得人类，民族整体聪明的时候，我们永远也不要忘记愚人作为人的存在的实质，这不是一种反智的行动，而恰恰是一种大智若愚的生存姿态。它反过来提醒我们，智慧的最高境界恰恰就是愚。所以在这个意义而言，大智若愚不是一种谦词，而是一种事实。

由此，愚人节不仅仅是那一些愚人的节日，或者说是愚弄那一些人的节日，而是扩展为每一个人的节日。在这个意义上，当苏格拉底质问雅典人最后得出结论要认识自己的无知，这乃是每一个人永恒的使命。

越来越聪明的现代人，越来越执着于占据、拥有实有的世界、现实的世界，看不到无的世界。这就是我们所说的"无中生有，有生于无"，无才是比有更基本的存在。现代人越来越沉迷于用肉眼判断感知世界，用权力和力量去赢得现实的世界，而闭塞了心灵之眼观看的路径。我们在陶醉于自己实有的世界之时，失去了世界的完整性。我们所有的世界完整性的缺失本身就是我们自身存在完整性的缺失，人的完整性的存在依赖于世界的完整性，依赖于有和无的统一，就好像白天和黑夜一样。这意味着现代文明向前发展、人类不断谋求理性进步的时候，一定要向后回返，所谓大智若愚，其实就是我们在张扬聪明才智的时候，回到智慧的源头，返回到原初的笨拙、稚嫩的状态。这不是反文明，而恰恰是寻求现代文明的裨补，不断回到文明的出发点，扩展我们心灵世界的边界，来寻求沉迷于物的占有的现代文明危机的出路。在这个意义上而言，我们重新去寻找人类生活在文明光照下的完整性，去寻找人类原初的实质，让我们在聪明的时代里，偶尔学会做愚人，体验愚人的智慧。

不难发现，貌似无关紧要的愚人节，这其中内含着存在的真谛。

祝福与期待
——导师代表刘铁芳教授在毕业典礼上的致辞

各位 2010 届即将毕业的同学们、朋友们：

大家好。今天在日历上只是一个普通的日子，但对于我们而言，却是一个珍贵的日子。我们在这里聚集一堂，迎来了各位 2010 届学生的毕业盛典。我谨代表学校 1600 多位教师向各位圆满地完成大学学业表示诚挚的祝贺。同时，也对大家在读期间对老师们教学工作的密切配合、教学研究的大力促进，表示衷心的感谢！

毕业在即，我想再说几点祝福和期待。

期待之一，学问兴趣勿遗忘。1933 年胡适先生在"赠予今年的大学毕业生"一文中特别写到，大学毕业后堕落的两种基本方式：一是容易抛弃学生时代的求知识的欲望；二是容易抛弃学生时代的理想的人生追求。他开出的一个紧要的方子就是"时时寻一两个值得研究的问题"，保持学问的兴趣。不断地求知问学，会让大家长久地保持活跃的心灵。活跃的心灵生活，不仅让我们保持对当下习俗生活的平庸必要的距离，也是我们创造性职业人生最重要的基础。

期待之二，发展道路放眼量。前天，在座的、一位刚刚考上教育学原理专业研究生的同学打电话征询我的意见，想申请先到一个边远地区支教一年，再来读研，这样更有利于今后的专业学习。我当即表示认同，我为有这样的学生而骄傲。我们的学生已经学会了更理性地设计自己的未来。大学的学习已经画上一个句号，但人生的大学才刚刚开始。大学不过是我们成长中的驿站，今后的路更漫长，人生的每一步都需要我们的开阔视野和审慎思量，需要我们必要的天下襟怀与社会担当。

期待之三，身体心灵求安康。常言身体是革命的本钱，人生的道路很漫长，期待各位在任何时候都能保持身心的健康。为国家，健康工作五十年；为自己，健康生活一辈子。

期待之四，母校情怀记心上。大家今日各奔西东，但我们一生都拥有同一个身份，我们都是师大人。在大家的人生旅途上，永远有母校殷切注视的目光。今日各位离开校园，走向各自的人生旅途，请把你们的成功告诉母校，让我们一道来分享大家的喜讯。人生之路难免失败挫折，所以，也请大家今后把你们遭遇的苦痛及时告诉母校，让我们一起来分担。

年年岁岁花相似，岁岁年年人不同。铁打的军营流水的兵，永远的麓山流水的学生。作别麓山，请各位带走我们曾经拥有的求知的渴望，带走大学生活中一份难得的单纯和执着，带走心中的大学故事，带走仁爱精勤的生命理想，让师大的精神随着大家走向四方，也让麓山下这片曾经哺育我们的母亲般的热土，永远地成为我们精神依恋之故乡。

四个包子的幸福

北京清冷的早晨，我从冠城出来，到华东师大出版社北京办事处去，在快到健德桥的一个早餐店随便吃点东西。胃口不是很好，我进门要了一碗小米稀饭，一个素菜包子，一根油条。进去，服务员把我要的早餐给我，就在旁边坐下，先喝一口稀饭，再一点点地咬着包子，慢慢地苏醒自己的胃口。

这时，旁边坐下来一位汉子，看样子像是以体力活为生的，篮子放着四个包子，一大碗豆腐脑，先一口喝下，大碗去了三分之一。我仔细看了一下，一个包子三口解决问题。当我还在一截截咬着油条的时候，他已经吃完，起身走了。

突然想起，与吃一个包子、一根油条相比，能大口吃下四个包子、一碗豆腐脑，其实也是一种幸福。吃的幸福，其实不在于吃的什么，而在能吃的意向本身，在我们的胃对食物接纳的能力。当我们越来越多的关注吃什么，而不是吃本身的时候，我们其实已经越来越多的远离了发乎身体自然的幸福，也就是人的存在的基本幸福感。我们总是奢望太多，反而遮蔽生命本有的幸福的可能。

尼采曾说：一个好胃，一副好牙，便是我对你的要求。幸福的人生其实就是从这里开始，而恰恰并不是始自外在的、被过度改造的欲望。

从此过上幸福的生活

在我们传统的叙事结构中，通常的结果是主人公历经困难之后，过上了幸福的生活。这种叙事结构的登峰造极当然就是白毛女，好像已进入新社会，等待白毛女们的就是幸福安宁的生活。殊不知，幸福在任何时候都是需要自己时刻努力争取的。

幸福的追求是一个过程，幸福其实是一种能力，追求幸福是一种人生的姿态，而不是某种一劳永逸的一时性行动。

豌豆公主、爱情童话与媒体责任

在经历了两年的爱情长跑后，昨日，身高 1.2 米的"豌豆公主"李玲和身高 1.7 米的江小军在羊西线某酒楼举行了婚礼。昨日一大早，兴奋了一夜的李玲和江小军就起了床，整理收拾妥当后就在家左顾右盼着，等着婚纱影楼的开门时间。到了影楼后，换上了洁白的婚纱、化了个新娘妆，整个人一下子就惊艳了全场。婚车是一辆敞蓬红色老爷车，这也是李玲一直的梦想："和心爱的人坐在红色的老爷车上在街上逛，太浪漫了。"坐在老爷车上，李玲和江小军紧紧地牵着手，两人时不时地笑着对望，然后给对方一个深情的吻，连开老爷车的司机都在说："他们一路都在亲，好幸福哦。"

3 年前，四川资阳小伙江小军来到成都望仙场一家餐馆打工，"豌豆公主"李玲家就在餐馆隔壁。久而久之，两人混熟了，身高 1.7 米的江小军决定和 1.28 米高的李玲谈恋爱。在李玲父母的支持下，2005 年 1 月两人开了一个"奇缘餐馆"。2007 年 1 月 9 日，两人在青羊区民政局领取了结婚证。2 月 6 日，两人在羊西线某酒楼举行了热闹的婚礼，全国媒体争相报道。一时间，人们都被他们不平凡的爱情所感动。

　　然而，就在人们都以为"从此公主和王子开始了幸福生活"的时候，记者昨日意外得知：江小军结婚不到一个月就离家出走了，如今李玲独守空房，每天以泪洗面。

　　据李玲的邻居们称，他们婚前已有裂痕。两人在结婚前就经常吵架，江小军曾经出走过一次，李玲在江小军妈妈面前跪着求情，两人才重新走到了一起。原以为是一个现代版豌豆公主的爱情故事，没想到事与愿违。一切并不像我们原本以为的那样美好。豌豆公主有着我们看不到的脾气秉性，让这个本应是梦幻美丽的故事蒙上了一层灰色的阴影。使得豌豆公主的王子一再的离家出走，最终两人分道扬镳、形同陌路。

　　我是昨天在女性频道上看到的这个故事，题目是"豌豆公主情变记"。前面是引述的关于豌豆公主的爱情故事梗概。

　　在我们今天这个越来越虚空化的时代，我们自己身边为日常琐事充满，不能创造奇迹，我们便常常期待奇迹出现，来填补我们日渐虚空的内心。我们期待童话，以眼球为己任的媒体就想方设法制造童话。

　　豌豆公主和王子的相遇，无疑是个制造童话的契机。正因如此，李玲和江小军的相遇，从他们成为公众人物的那一刻起，他们就不属于自己了，他们被寄予了太多的美好期待。

而恰恰，我们忘记了，童话是不可能生长在现实中的，现实中被柴米油盐缠绕的你我难免诸多纠葛，现实中的李玲和江小军并不是童话里的公主和王子，他们只是两位普通的有着自己爱恨情仇的个体，他们注定无法制造人间的童话。

正因如此，盛名之下，其实难副。豌豆公主有着自己的脾气，江小军在经历了开始的好奇和惊喜之后，阴影就已经在心中埋下，只是作为公众人物，出于某种压力，就只能一步步走上婚姻的殿堂，而面对每天真实的生活，情感难以为继，就选择了逃离。豌豆公主的爱情，一开始就埋下了破灭的祸根。

关键在于，当豌豆公主的爱情以眼泪告终时，媒体又一次充当了救世主的角色，他们可以高谈阔论地评价，献出必要的同情与无奈，给这个美丽得有些心碎的故事涂抹一层淡淡的忧伤。伴随豌豆公主爱情的始终，媒体如愿地完成了一个现代童话从辉煌与落幕的演出，并且不管"豌豆公主"的爱情成功与否，媒体都已经成功地给大众提供了一个爱情童话的想象。

而生活依然继续，当被媒体和大众共同打造出来的童话一点点破灭，豌豆公主和江小军们，他们依然要各自面对原本并不童话的生活。

期待有一天，这个世界的每个人，都能平凡地追求自己的梦想，不再以猎奇或者被猎奇作为生活的点缀，没有一个人——不分男女、高矮、胖瘦、美丑、肤色、健康与否——是供媒体、他人取乐的手段。

何谓读书之人

在学校旁的小巷里散步，几处都有悠闲的麻将爱好者热闹地玩着。

忽然想起我为什么选择不停地读书、思考、写作，而不是打麻将？或者说，我选择那种在旁人看来似乎苦不堪言的读书生活，是否有充足的理由？

我的回答是否定的。是的，每个人都只有一生，按照奥斯特洛夫斯基在《钢铁是怎样炼成的》中的说法，一个是随时可能因各种意外结束自己的生命，所以要抓紧生活。面对唯一而短暂的人生，我确实找不到一个充分说服自己，你非得要专心读书而不是打麻将的理由。

是的，当我们选择一种在旁人看来苦行僧似的读书生活，其实是找不到充分的理由的，确切地说，是不需要充分的理由。

只有当一个人安然地坚持自己的读书生活，不为旁边的麻将声所惑，而且不以自己的读书选择就一定比玩麻将的高贵，或者像热衷麻将的人一样地热衷于自己的读书选择，也就是把对读书的爱变成一种纯粹的选择，一种并不需要证明什么，而仅仅只是因为我爱读书所以我选择读书的生活，从容淡定，毫无怨言，这样的人才可谓之真正的读书之人。

"世界这么大，我想去看看"

早上洗漱的时候，老婆说到今年暑假准备去几个地方走走，又提起这句话，"世界这么大，我想去看看"，我随口说了一句，"我要探寻人类的心灵世界。"

多次跟学生一起谈到这样一个情况：很多人，经常出国，看的地方很多，但并不妨碍其依然是一个内心封闭的人；相反，也有人很少出去，同样不妨碍其作为一个内心开放的人，比如康德。

这里涉及的问题就是心灵世界与感官世界的联系和区别。一般性的出去走走，不过是扩展个体的感官世界，并不必然带来内心的丰富与开放，除非个体拥有开放的内心世界本身。当然，这并不是否定个人要多走出去，恰恰是提示我们，一个人需要走出去，只不过在人走出去的同时，心也要同步走出去，从自己狭小的视界中走出去，保持心灵世界与感官世界的同步。

否则，走得再远，我们的内心，我们的人格，依然原地踏步。

忧伤、叙事、爱情：从民歌到流行歌曲

民歌有三大内容：忧伤，叙事，爱情，三个关键词。民歌的根在哪里？在民众的生活，爱与美是生命的本真。而生命的底色是以忧伤作为基础。民众是生活在底层，以底层作为基础。人类

最优秀的诗歌，有很多是爱情歌，而且大多是在失恋时写的。想象扩大了生活的空间，艺术就是弥补了生命的缺陷。生命本身是有缺陷的，生命的欠缺性是忧伤的本源性基础，民歌恰恰就是显现生命的欠缺。在民歌之上，就是宏大的社会颂歌，它一般撇开了生命自身的存在特性。民歌贴近个体生活，贴近生命，爱与美，而颂歌是远离生命，一般缺少生命自我的痕迹。我们曾经生活在颂歌的时代。

流行歌曲在某种意义上就是对民歌的回归。它回到个人，回到日常生活，回到本色的生命。流行歌和民歌相通的地方就在于基本关键词的相通。流行歌的基本特性就是把日常生活显现出来，是一种生活的叙事。流行歌在一定程度上承续了民歌的传统。

流行歌和民歌有什么不同呢？从创作的方式而言，民歌是众人的累积，反映了众人共通的东西。而流行歌也想表达这些，但它是个人化的创作，表达的是生活小叙事，是带有个人性的小叙事。有一首歌叫"味道"，"想念你白色袜子，和身上的味道"，袜子不可能成为每一个人的生活想象，它只能表达作为一个小女人对于爱的想象。流行歌有点欲赋新词强说愁的味道，更多诉诸人的情绪，唤起人的倾听欲望，和民歌的带有多个生命痕迹的群体性的生活叙事大不相同，不是表达的一种普适化的生活想象。民歌相对自然而单纯，没有情绪上的强迫性。它不断刺激你对爱的依恋、对生命本真的回归，但生活是不断变化的，小叙事不可能一成不变，所以有些流行歌曲很快就不再流行了。

流行歌有时会让人沉溺在一种弥散的忧郁之中。有时候可以听听宏大的歌曲，缓解忧伤，比如歌剧、交响音乐。它们可以提供我们一种启示，人需要走出小我。

新疆民歌《在那遥远的地方》为什么会广为传唱？大气、开阔，它符合民歌的几个基本特点：忧伤、叙事、爱情。它表达一个很重要的东西，爱的对象可以是一个女孩，也可以是人类一种想达到而达不到的梦想，人永远对自我之外的世界的一种的仰望。它是人类的一种精神的期盼，即使是女孩来到了你身边，你依然会唱这首歌，因为来到你身边的是现实中的女孩，这里传达了一种理想与现实的一种永远的距离，理想永远高居在现实世界之上，让人充满了怀想，这就是我们生命的一种基本的状态。

张国荣、周华健、谭咏麟、童安格，四种不同的个性，代表着忧伤的不同类型。周华健很典型，爱到尽头覆水难收，他是一种明亮的忧伤。张国荣的忧伤是一种无法摆脱的忧伤，是生命本身的忧伤，而周只是一种生命表层的忧伤，调侃的忧伤。张的忧伤更能够深深的打动人。童安格是属于那种很精致的人，他是一种雅致的忧伤。他属于生活的很幸福的人，他的忧伤是对别人忧伤的体会，是体验的忧伤，想象中的忧伤。张国荣的忧伤是属于生存的忧伤，是无法至少是难以排解的忧伤，他把自我扎在忧伤的河里面。童不完全是日常生活，有时候走民歌的路子，不一定都是狭小的叙事，写的都比较大。听童的歌就感觉是一个精致的男人写给你的歌。谭咏麟的忧伤是一种无我的忧伤，谭的唱歌没有停留在个人的叙事之中，传达的是忧伤本身，完全是在演绎歌里的忧伤，歌人合一。谭正因为是无我的忧伤，所以他唱歌很大气。只有无我才可以尽情演绎歌曲本身，而不是演绎自我。

《英雄本色》中的张国荣演得很好，把张国荣本身的生命品质演绎得充分而细腻。大陆的电影没有把人的生命底色显现出来，人好像只是在演一个与演员生命本身并无多大关系的角色。大陆人的生命姿态其实是很单一的。要么就是悲苦，要么就是张狂。那时的张国荣同样有一种淡淡的忧伤弥漫其中，他常常执着于自我的忧伤之中。为什么时时有我的张国荣也能达到这样一种很高的境界呢？他的忧伤是沁透生命的忧伤，把我的存在的忧伤扩大来唱歌，是完全用生命来演绎歌曲，而谭是用歌曲来演绎生命。张的人生注定了悲剧色彩，很难在现实人生中找到幸福的依托。

这里有两种忧伤：无我的忧伤，有我的忧伤；想象的忧伤，生存的忧伤。这是从两个角度来看忧伤的类型。他们各自演绎出了自己忧伤的品质。与之相关的是，忧伤从何而来，艺术的形式说白了是生命形式的表达。艺术的品质乃是生命品质的表达，是一个人生存品质的表达。你就是你自己。提升一个人的实践和行为的品质，最关键的还是要提升一个人的生命的品质。这就是我们通常所说的"狗嘴里吐不出象牙"。

周杰伦的流行和年轻人的逆反心理有很大关系。这也是代际之间的差异。问题在于不要让年青一代都喜欢一种类型，不要把你喜欢的强加给别人。我们看待世界看待他人的时候，也要看待自己的心，相互适应。

生活中的我是属于比较忧伤的那种，有点张国荣的味道，只是没他那么沉迷。我欣赏比较积极健康的人生态度，喜欢张靓颖是因为喜欢她的阳光、向上、积极的生活态度。我们可以活出适度的忧伤，但不要活在伤感之中，这就是所谓的"哀而不伤"。

拥抱生活之谜

微信上看到鸽子(林晓鸽，湖南师范大学大学英语教学部青年教师，课程与教学论专业博士生)的一段读书感言：

何为语言？维氏认为，它是逻辑，是游戏，更是生活。若是生活，必有界和限。语言的界限，就是世界的界限。而每个人与世界的秘密通道，是生活背后的沉默，是附在字里行间的情绪，此为生活的谜底。一个理解人理解生活的人，才能揭开谜底。是故，真正的语言，在你我，在世界的深处。

我读了她的读书记后有点想法。随意写下一段评语：

很好。稍微修改一下。不是要揭开谜底，永远也不要，而恰恰是要拥抱谜本身。

下午跟学生交流时，谈到这一点，补充几句：

语言开启生活，谜底仅仅是预设而已。重要的是拥抱生活，而保持必要的迷魅，正是热情拥抱生活的基础。